诱惑者日记
Forførerens Dagbog

[丹麦] 索伦 · 克尔凯郭尔　著
陈岳辰　译

外语教学与研究出版社
北京

雅众文化 出品

前言

此刻我的内心悸动难抑。为了一窥究竟，我迫不得已在极度焦虑中，急忙抄录下那份潦草的手写笔记。无论当下或事后，我心里除了不安，也充满罪恶感。事情来得意外：他竟然忘记锁上书桌，甚至没有阖紧，里头的东西任我摆布。虽然我安慰自己说我并未拉开抽屉，但这粉饰不了我的行为。原本就打开的一只抽屉里搁着许多纸张，上面压着一本四开大小的笔记，装订精美，白色封面上有他的笔迹，写着**随思随笔四**。本子确实是开着的，标题确实引人注意，但我明白，撇开这些理由，我仍然抗拒不了诱惑，或许该说根本不想抗拒。

此外，与其说是因为标题醒目，不如说是因为它旁边那些杂物的推波助澜。我轻瞥一眼，散落的纸张上列着亲昵关系，甚至情色场景的描写，旁边还有一些信件草稿。后来我才明白，那些巧妙的文字和漠不关心都经过了心思缜密的算计。这男人实在卑劣狡诈。回想起来，我仿佛化身警探，进入伪造犯的房间调查，翻动抽屉里各种工具时找到笔迹样本：签名、花体字，甚至镜像字等一应俱全。看来他不只精于此道，还陶醉其中无法自拔。

然而我没有警徽，查缉犯罪并非职责所在，本该加倍地意识到自身行为已触犯法律，不过处于那种状况，恐怕多数人都会如我这般心神不宁、瞠目结舌。当下太过震撼，经过一番内在对话后思维才得以挣脱束缚，唤醒疏离的自我。反省得越多，心神越不容易慌乱，就好比查验护照的官员看过形形色色旅客以后，已然见怪不怪。我虽自认心思成熟，起初也难免动摇，我记得当时自己脸色苍白，情绪激荡不已，差点昏过去。万一他忽然回家，目击我将这些东西拿在手中……不知日后我将会遭受多厉害的良心谴责。

标题本身并不令人讶异，一开始我以为是研究手稿的整理汇总。我知道他热衷学术，会做笔记理所当然。然而内容却完全与此无关。那其实是本日记，写得十分仔细。之前交往不深，无法想象此人有何生活点滴值得记录。此刻对他的内心世界有了进一步了解，便明白这标题甚具巧思，与内容完美协调，充分展现出他已真正从美学以及客观的角度理解自我和自身处境。他穷尽心力追求诗意人生，培养挖掘生命趣味的本领，并且不断以诗意的方式重新铸造这些经验。因此，他的日记未必全然合于事实，其中难免掺杂虚构妄想。尽管是事发之后的记录，有时或许是隔了很久之后，但描述却让人觉得栩栩如生，仿佛事情正在眼前上演。以此推测，这本日记应当仅供作者个人享乐，不具其他目的，内容的整体或细节都不像打算要公之于世。

但即使这些文字被人发现，作者也无须过分担心，因为里头人名大半古怪，读者难以确认指涉对象。我推敲之后，认为故事中的名字属实，他可借此确认主角，而旁人只怕会受姓氏误导，不得其门而入。至少就这本日记而言，我的猜想大抵无误，中心人物是我也认识的那位考狄利娅，只不过她的姓氏并非瓦尔。

至于为何日记笔调如此诗意？这不难解释，毕竟作者本身就是诗人性格，而这一诗人性格不够充沛——或者如果你乐意的话，也可以说不够贫乏——从而使得他无法分离意象和现实。作者眼中无处不含诗意，身在诗意的情境是第一层享受境界，从心灵淬炼出更精纯的诗意则是第二层享受境界。生命就在于追求这种愉悦，除了寻找外在的美感，也耽溺于内在的自我之美。在第一层境界，他恣意地享受着现实带给他以及他赋予现实的乐趣；一旦进入第二层境界，甚至连自我都蒸发了，他全然沉浸于情境，或者说是剧本的角色中。换句话说，在第一层里他还需要现实的配合，但在第二层里，即便现实也得屈服于内在的诗意。第一阶段只是暖场，压轴好戏是第二阶段的澎湃情绪。从日记的文字也可以看出这两个阶段的差异。而他便是通过这种过程，于人生寻找暧昧，自暧昧提取诗意。

在我们生活的现实世界之外，尚有另一个世界存在，两者如同以纱幕分隔为前后的舞台。隔着那层纱，我们看见蒙胧虚幻的、与现实不同的新天地。许多人的身体出现在前方的现实世界，心灵却飘到后边去。这种意识几乎淡出现实的状态，有时是疾病导致的，我曾误以为自己熟识的这个日记作者便是其中一例。他不属于现实世界，但又与现实世界有着许多关联。他依旧过着现实生活，还颇为活跃，只是在看似投入事业的表象之下，那颗心早已脱离常轨。存在于彼端的事物既非善，也不能说是恶——事到如今我仍不敢对他妄下断言。这人受脑部疾患所害，现实世界的事物对他造成的刺激太轻微，或者太短暂。他并非被现实压垮，或无力承受；不，他的心灵过分坚固，而这种坚固是一种病。一旦现实世界失去重量，无法带来刺激，他的心智就自动抽离。若说他有什么恶，恶即存在于此：每当心灵受到刺激，他都能清楚意识到自己会有何反应。那份自觉便是种罪恶。

虽然我认识这本日记的女主角，但是否有其他女孩受到日记作者的诱惑，我无法肯定，不过就内容来看，恐怕免不了。内容呈现出他的诱惑手段异于常人，这也同样不让我意外，毕竟作者本就绝顶聪明、不落俗套。不过日记中也提到了他在实施过程中十分克制，例如想要的如果只是双方一句寒暄，对方却给得更多，他无论如何都不愿意接受，对他而言，那句寒暄就是女孩最美的瞬间。作者的聪明才智足够让他知道如何引诱女孩，却又不沦为狭隘的占有。我可以想象他引领女孩达到关系的顶点，但在那一刻，他毫无预兆地抽身离去。他从未说过爱，也不对两人关系做出任何宣示，因此事后女孩心情更加苦涩。她就像是跟随女巫跳舞，心情起起落落，纠结于责怪自己，原谅男人，最后却又不得不怨他。既然两人之间始终徒有象征，欠缺实质，女孩就只得内心矛盾挣扎，无从得知是真是幻。而且她无法诉苦，既然什么都没有发生过，自然就什么都不能说。平常人做了梦都还说得出自己梦见什么，但对女孩而言，明明不是梦，想要排遣情绪时，张开嘴巴却想不出说什么才好。她明白这种处境，尽管那情绪恍惚得无人能够掌握，尤其是她自己无论如何都办不到，但感受到的沉重与焦虑再真实不过。

这样的受害者的心路历程十分独特。寻常的不幸女子遭受社会排挤，苦得惨烈，心里无法承受的情绪会转为憎恨，抑或宽恕。但被诱惑的女子则不然，她的外表一如既往，生活没有太大改变，依旧受到旁人敬重。然而她的心灵在本质上终究起了变化，即使她自己也无法解释，其他人更无从推敲。她的生命没有崩溃颠覆，只是思绪转而向内；她对其他人失去感觉，试图找回自我却只是徒劳。就此意义而言，这个男人的生命轨迹则可以说是无法探查的（那双脚竟能不留足迹——这是我对他无限宽广的内心世界最好的想象），毕竟未曾有女孩受伤倒在他面前。他太聪明了，不是一般的诱惑者。不过有时候他会模仿普通人，忽然感性到极点。他与考狄利娅的关系复杂微妙，从某些角度看上去，简直是他受到诱惑；事实上，纵使考狄利娅心上有伤，也时不时会生出这样的念头。但同样的，男人没留下脚印，谁也证明不了什么。对他来说，每个女孩都像是一个外在刺激，或者说一片树叶，而他自己则是那根树干，最后总是得挥别枯萎的落叶，否则无法重获新生。

他心里如何看待这一切？我的想法是：引人误入歧途者，代表他自己也走在那条路上。此处所指并非外在世界的歧路，而是存于每个人自我之中的。好比有人为登山者带路，结果自己其实也不知道方向，半途逃之夭夭。相较于内在的迷失，我这比喻太过浅薄，因为迷路的旅人能够借由身边景物变化找到方向，迷失于自己内心的人则发觉内在世界狭窄得无处可去，不断绕圈子也找不到出口。

我认为这个诱惑者本身必定体验过这种迷惘，而且规模更大更可怕。对于工于心计的人而言，摸不着头绪，聪明反被聪明误，肯定是莫大的煎熬，还得撑到良知觉醒时才能从混沌中获救。一开始他可能误以为天地之大总有容身之处，没想到朝阳光奔去后只找到另一个迷宫，他像惊慌绝望的小动物般不停窜逃，却总是回到原点无法脱困。他陷入自己设下的局，受到的惩罚比一般罪犯更深更重，也因此很难被称为罪人。比起忏悔，有意识的疯狂岂不更加凄惨？这种惩罚甚至符合纯粹的美学，所谓“良知觉醒”用在他身上还带有过重的道德色彩。事实上，他的良知并非所谓深层的自我控诉，仅仅是有比较高度的自我意识和更频繁的焦躁，一种持续刺激他神智的动力，导致他恒久清醒，无法休养生息。但这种状态又不能以精神病称之，因为尽管他思绪庞杂却依旧有限，尚未凝固在无边无尽的狂乱中。

可怜的考狄利娅。难为了她，她很难重获平静吧。即便她打从内心原谅这个男人，情绪还是无法沉淀，因为她忍不住质疑自己：破坏婚约的人是她，推翻一切的人是她，受到骄傲驱使、以为能超越世俗的人也是她。纵使省悟了，她依旧不得宁静，因为控诉涌进心中，但将那些思想植入她心中的明明是那个狡猾男人啊！接着，她感受到恨，借由诅咒对方稍微获得喘息。可惜还没结束——她责怪自己，无法接受充满怨怼的自己。她相信自己有罪，而且罪行并不因为男方奸诈与否而有所增减。换言之，纵使考狄利娅坦然接受自己是受到对方诱惑，但各种自我省察却已经在交往过程中苏醒。男人领她走入新的美学境界，内心不囿于单调的音色，而能听到许多声音。一旦回忆浮现，她甚至忘记罪疚感，只记得美好的瞬间，重现那种异常的愉悦。她不只是想起了这个男人，还借助一种新的洞察力来理解他，而这仅仅意味着她的心智有所提升。于是她就算不认为男人高尚，也足以放下男人所犯的罪，与对方发生过的点点滴滴也只能以美学的角度看待了。

考狄利娅曾经写信给我，信里提到这个男人时说："他有时太过聪明。面对着他，身为女性的我仿佛会被摧毁殆尽。然而有时他狂放激情，欲望深邃，在他面前我不由自主地颤抖。偶尔他对我视而不见，偶尔又表现为彻底臣服。只不过，一旦我想拥抱他，两人关系就会走调儿，怀中剩下的只有云朵。[1]虽然认识他之前就听过这比喻，与他相处之后我才真正体会到个中滋味。提起往事，心里还是浮现他的面容。如

1 译按：希腊神话中，伊克西翁受宙斯庇护居住于奥林匹斯山时，想要调戏天后赫拉，宙斯得知后震怒，用云塑造了赫拉的替身，伊克西翁与云朵结合，生出了人马，后来伊克西翁受惩罚，被捆绑在冥界火轮上。

今我每一道思绪都仿佛透过他而成形，他就像喜爱音乐的我所找到的独一无二的乐器，他如此锐利、举世无双，具备其他乐器没有的宽广音域。他是一切感受和情绪的精髓。在他而言，没有高不可攀，亦没有俗不可耐，他能如秋风秋雨厉声呼啸，也能低沉幽静杳不可闻。他将我每一句话都听进去，我却无法肯定自己说了什么，因为总猜不到自己说的话在他那儿能掀起什么波澜。难以言喻，神秘莫测，却又幸福喜悦，我不知怎样描述那时翻涌的情感，只能聆听来自自己却又不属于自己的乐音。最后总是和谐，总是达到狂喜。”

对女孩而言很凄惨，但对男人来说其实更为严重——我之所以敢下这评语，是因为每当我想起这件事情，内心就会跟着焦躁不已，几乎也被卷入扑朔迷离中，时时刻刻对自身投射的那抹影子感到畏惧。尽管我一直想抽身，结果却像是一缕纠缠的冤魂，一个开不了口的控诉者。太奇怪了！原本这件事情是他最大的秘密，如今我透过不当方式得知此事，这就成了更大的秘密。要我忘记着实不可能，我曾经甚至还起了与他开诚布公的念头。不过这恐怕一点意义也没有，他大可否认一切，宣称所谓的日记只是文艺创作，又或者要求我保持缄默，而我也没有立场拒绝，毕竟是我自己先侵犯了他的隐私。这个秘密包含了太多诱惑、太多纷扰。

我从考狄利娅那里取得他们双方的往返鱼雁。是否完整无法肯定，有一回她似乎暗示手上还扣着几封。我将信件内容穿插在抄写来的日记故事中，但问题在于信上没有日期，不过就算注明日期也未必有什么帮助，因为日记内容越来越零散，后来也几乎没有标示时间，仿佛那段关系升华了，内涵比起时间和空间的精准更有意义。幸好我从信里筛出一些起初无法理解的词汇，后来我察觉那些字词与日记主题环环相扣，便将书信放在主题出现的段落。若没有这些线索，我很可能就会误判。这么排列后我才意识到，他们之间的往来有时频繁至极，一天就有好几封信。主观上我原本会将信件平均分配到日记里，但若那样编排，就无法体会他手法之繁复，以及如何将激烈情感化作枷锁，达到禁锢考狄利娅的目的。

日记除了记录他与考狄利娅的关系外，还有几篇随笔，内容与考狄利娅无关，但清楚呈现出作者的部分想法，比方说他以前时常提起、但我始终未真正理解的一句话："人应该多留一线。"假如能找到之前的日记，大概也会看见很多类似的文字。他在边缘留下另一句话："超距作用。"另外，他还指出考狄利娅占据他太多的生活空间，于是他无暇顾及其他层面。

抛弃了考狄利娅之后，他收到几封女方寄来的信，但是没有打开就退回了。这些信件考狄利娅亲手开封后交给我抄写。她没有提过那些内容，倒是在谈到约翰尼斯时，她曾经念了一首诗，据我所知是歌德所作，这首诗对她的意义似乎随着心境而有所不同：

去吧，	Gehe,
藐视	Verschmähe
忠贞，	Die Treue,
悔恨	Die Reue
随之而来。	Kommt nach.

她的信件如下：

约翰尼斯：

我不会称呼你为“我的约翰尼斯”，因为我很明白你从未属于我，甚至我为曾如此误解而深深自责。但其实我依旧有资格称你为“我的”：诱惑我的人、欺骗我的人、伤害我的人、杀了过去的我的人，我的悲惨的源头，我的快乐的坟墓，我的忧郁的深渊。我说你是“我的”，而我也是“你的”。曾经这样的措辞使你愉悦，让你骄傲地接受我的爱慕。现在你听了，可能觉得是永恒的诅咒吧。不必担心我会死缠烂打，或是拿刀架着你，那么做只会被你奚落！你尽管逃吧，无论逃到天涯海角，我都还是你的。你尽管爱上别人，就算多了一百个别人，我还是你的。直到临终前，我都是你的。单看我写下的这些句子，就清楚说明了：我是你的。你厚颜无耻地欺骗了这样一个女人，你甚至成了我的一切，而我沦为奴隶还沾沾自喜。我是你的、你的、你的，你挥之不去的诅咒。

你的考狄利娅

约翰尼斯：

曾经有一个富人，家里养了许多牲畜。另外有个穷苦少女，财产只有一头绵羊，还必须亲自喂养。你是那个富人，拥有世间一切美好；我则是那个少女，拥有的仅是一份爱。你夺走我的心，还志得意满；你受到欲望呼唤时，就牺牲了我的爱，只因你不愿牺牲自己。曾经有个富人，拥有许多许多的牲畜；还有一个可怜的女孩，拥有的只是一份爱。

你的考狄利娅

约翰尼斯：

完全没有希望了，是吗？你的爱火不可能重燃？你曾经爱过我，我知道的，即使我并不确定自己为什么确定。我会等，无论需要多长的时间。我会等到你厌倦于去爱其他人，届时你对我的爱将死灰复燃，而我也如同往昔那样爱你，感谢你。一切都能回到从前啊，约翰尼斯！难道说，你现在的铁石心肠才是本性？以前那么丰沛的爱是虚假，是谎言，此时此刻你才露出了真面目？对我的爱有耐性一些，原谅我依旧爱你。我知道对你而言这是负担，但总有一天你会回到考狄利娅身边。你的考狄利娅！听听我的哀求，我是你的考狄利娅。

你的考狄利娅

若以乐器比喻,考狄利娅的音域不如约翰尼斯那般宽广，但仍有漂亮的音色，以书信展现情感时力道十足，只是略嫌不够清澈。第二封信特别明显，读者只能猜测，无法确知她的本意。不过在我眼里，这些小瑕疵反倒显得特别动人。

日记

四月四日

小心啊，小心，陌生的美丽小姑娘！下马车可不那么简单，有时至关紧要。我可以借你一本蒂克的小说，故事讲的是一位小姐因为下马的动作弄得自己不知如何是好，最后竟改变了整个人生。[1] 事实上，马车的台阶设计如此粗糙，仿佛要强迫女性放弃优雅身段，一股脑儿栽进车夫或仆役怀里，可真是便宜了他们！我不禁想找个有年轻小姐的人家应征做下人，方便知道女孩子有什么秘密。

不过，老天，请你别跳啊。天色已晚，我不敢惊扰，就站在街灯下，你看不见的地方。不知自己被看着，你就不会觉得困窘，而看不见别人，自然就不知道自己被看着。所以别顾忌，别担心仆人是否能牢牢接住你，也别烦恼一身绫罗绸缎会不会撕裂，更别考虑我。让那只我欣赏已久的迷人小脚跨出去，踏踏这世界，将身体的重量放上去试试看，想必会有落脚之处。倘若你有一时半刻畏惧颤抖，怀疑会踩空，或者再怎么脚踏实地都觉得不安稳，那么另一只脚可以赶紧跟上。有谁会如此残酷，愿意看着你悬在半空？见着这样的

1 译按：指约翰·路德维希·蒂克（Johann Ludwig Tieck）的一篇故事《任性的英国女人》（*Die wilde Engländerin*），内容为英国一位女士因故排斥婚姻，却在和友人争执时下马过快，扯破衣服，导致场面尴尬。她躲在房间一周，终于意识到自己其实爱上了这位朋友。

美女，任谁都不会弃之不顾。也许你担心有外人？不是仆人，自然也不是我才对，因为对我来说，看见那条纤纤玉腿已经足够。我是研究自然科学的人，从居维叶先生[1]那儿学会见微知著。所以请你赶紧下来！尽管那份焦虑会增添你的美貌，但焦虑本身并不美好，除非人能展现出与之对抗的力量。看！你这一步多么稳。我注意到脚掌纤细的女孩，步伐时常比大脚的人还稳健。

但谁会想到这结果呢？违反经验法则的是：慢慢走下车其实比起直接跳下来还要容易扯坏衣服。然而若说女孩子乘马车不安全，难道要一辈子留在车厢里吗？蕾丝或饰边坏了便坏了，反正不会有人看见。即使有道蒙眬的身影悄悄经过，一身斗篷只露出双眼，那又如何？路灯光线打在你眼上，不可能看见这人靠近。你走进前门，他正好经过，恰巧视线飘过来。你脸红了，胸口一紧，喘不过气，接着眼神带着恼火，一种高傲的鄙视，同时传达出请求，如同眼角的一滴泪。两者一样美好，我都乐于接受，因为我活该受鄙视，也值得你落泪。

是我唐突了。这是几号房子？我看见什么呢？许多奇特的小玩意儿。美丽的陌生人啊，虽然我的行径看起来无耻，

1 译按：乔治·居维叶（Georges Cuvier），博物学家、动物学家，建立了比较解剖学和古生物学。

但其实我只是跟随着光……她已经忘记方才的一切。啊，才十七岁大，花样年华的女孩，店里大大小小的东西都给她带来喜悦，各种不快烟消云散。于是乎她根本没注意到我，这个站在柜台彼端的孤独男人。对面墙上有面镜子，女孩不看它，它却看着女孩。镜子忠实地捕捉了她的容貌，就像谦卑的奴仆力展忠诚，然而她是奴仆的珍宝，奴仆对她而言却什么也不是。奴仆接住她，却留不住她；悲哀的镜子亦然，抓住她的影像，却得不到她的人，甚至没办法收藏她的倩影，只能开放给世人欣赏。于是现在我望着镜中人。若人们落入镜子的处境必定万分煎熬：必须摊开来给大家看才叫作拥有，而且拥有的只有虚幻而非实质，一旦接触实质就代表失去，如同女孩若对着镜子倾诉心事，呼出的气息就会模糊镜面。

假如一个人看见了美好景象，却无法留在心底，往后只怕要对美丽事物保持距离。因为靠得太近，拥入怀中，眼睛反而看不见那份美；必须隔着一段距离，才能看得仔细。所幸人有灵魂，能将美景烙印心中，即使嘴唇贴着嘴唇，什么也看不见的时候，还是想得起来……她好美！镜子真是可怜，还好它不懂何谓嫉妒。

她有张完美的鹅蛋脸，额头微微前倾，线条变得更加立体，看起来不是聪慧过人，而是纯洁傲然。黑色秀发轻轻环着她的脸蛋。她就像一个水果,任何角度看过去都圆润娇嫩,皮肤吹弹可破，触感如鹅绒般光滑——光凭眼睛我也可以感受到。而她的眼睛，嗯，我根本没机会瞧见，因为它们始终藏在覆着如流苏般浓密睫毛的眼睑下，那流苏弯如钩，与她目光交会实在危险。即使她看上去如同圣母般环绕着一圈纯洁光晕,但她并非思索上帝出了神。她的脸上表情丰富多变,她倾心于世界的多彩多姿。她摘下手套，露出右手让镜子看见，也让我看见。那只手恍若属于古希腊雕像，白净匀称，没有多余装饰，就连无名指也没有套上金戒。太好了！她终于抬起头，我眼前景色骤变却又不变：她的额头没那么高，脸型不若方才圆润,但多了一股活力。她和店员开心地说话，神情充满朝气，已经挑了两三样东西，接着又拿起第四样，握在掌上又低下头，问起价钱，搁在旁边，压在手套下。看来买这东西是个秘密，或许是要送给心上人？但她没有订婚才对。也罢，没有订婚不代表没有心上人，订了婚也不代表对方就在心上……

我该不该放弃？该不该打扰她的幸福？她想要付款时发现钱包不在身上，看来要给地址了。我不想听，我不想剥夺自己的惊喜。我一定还会在什么地方遇见她，而且一定会认得她。当然，她说不定也会认出我，我斜眼偷看的神情并不容易忘记才对。等到我在预料之外的地方见到她而欣喜若狂时，或许就轮到她偷看我了。假使她没能认出我，假使她的眼神没有立刻透露出对我有印象，那么我又可以悄悄地在一旁注视，那么她必然也就想起来了。莫急，莫贪心，细细品尝。选上了，就绝对会得到。

四月五日

晚上她一个人在东大街散步，这一点令我欣赏。我看见仆人跟在你后头。别把我想得那么恶劣，我怎么会认为你是浪荡女，也别以为我没见识，无法立刻察觉后面戒备着的身影。但你为何匆匆忙忙？你看起来有些不安，心跳想必加速了，却并非因为急着回家，反而紧张、兴奋的甜美滋味流窜全身，化为你双脚上轻快的节奏。一个人出门，即使带着仆人，依旧是不可思议的体验……因为你才十六岁，因为你读过很多书，很多小说。你经过哥哥们的房间，听他们聊起朋友与外头的世界，其中一个场景就是东大街。你不断刻意经过他们房门口，想要偷听更多，却一无所获。你觉得自己长大了，应该多了解这个世界，自己带着仆人出门看看不为过才是。

是啊，听起来很美好——但我父母一定会皱起眉头，届时我有什么理由可说呢：参加宴会？不可能，时间太早，听奥古斯特说是九点或十点的事情。晚宴后回家又真的太晚了，通常也有男士自愿护送。周四傍晚离开戏院时本是好机会，不过我得搭车，顺道送汤姆森太太和她那几位表妹回去。要是可以一个人搭车就好了，只要打开窗子就可以看看外头是什么光景。不过人生总有出乎意料的事。今天妈妈说了：

“我想你还没缝好要给爸爸的生日礼物吧，假如想要专心做，可以去洁缇阿姨那儿待到晚上，我再叫詹斯过去接你。”这其实不是好消息，阿姨那边无聊得很，但好处是九点以后，在仆人陪同下，我可以自己走路回家。等詹斯过来，要他等到九点十五分再出发就行了。麻烦的是，可能会在东大街遇见哥哥或奥古斯特，除了不好解释，也可能被他们护送回家。谢了，但我想自在些，其实是自由些。最好先看见他们，别被发现……

嗯，年轻姑娘，你看见什么了？你想我看见什么了？首先，那顶小帽很适合你，与你匆匆的神色相当匹配。既不是一般帽子，也不是无边女帽，看起来像是头巾，想必你早上出门时戴的不是这玩意儿。仆人带去的？还是从阿姨那儿借来的？既然你想四处看看，又何必紧紧围着纱巾？难道那根本不是面纱，只是一条宽蕾丝？太暗了，我无法分辨。总而言之，你的上半张脸蛋不见了，露出漂亮的下巴，稍嫌尖了些。你的嘴不大，快步行走时微微张开，一口皓齿洁白如雪。理所当然。牙齿重要极了，是隐藏在诱人柔唇后的护卫。你的脸颊散发着青春光彩，要是稍微抬起头，光芒说不定会从面纱或蕾丝后面渗出来。小心！面纱底下的一眼，比起正对面的一眼还要锐利，利得好比刀剑。世上有什么东西比起眼睛能更锋利、更闪耀又更难躲避？你做了个四分位防守[1]的假动作，接着瞬间突刺，这两招连接得越迅速，威力就越凶猛。那是难以用言语描述的瞬间，对手仿佛真的皮开肉绽了。事实上，他的确受了伤，只是伤口位置并非常人所想……女孩无畏地前进，毫无破绽。小心！迎面有个男人走来，赶快拉下面纱，免得被他猥琐的视线玷污了。你不明白，可要花很长一段时间才会忘记那股作呕的感受。你没料到接下来的发展，但我看懂了：那男人注意到仆人是最接近的目标。这下子你懂了独自和仆人走在街上会有什么后果。仆人跌在地上，场面可笑，但是你能怎么办呢？回头拉他起来吗？感觉不妥。与浑身是泥巴的仆役同行让人太不自在，但一个人前进又危险。提高警觉，那禽兽步步逼近……

你没有回答，只是呆望着我。我的外表令你害怕？其实应该不会留下多大印象，我只是另一个世界来的善心人。我说的话也不致惊扰你才对，既未涉及你所处的状况，也没有一丁点侵犯私人领域的意思。只是你还错愕着，那样的无赖差点到了身边，确实是很难忘记的体验。然后你对我有了一点好感，我很羞涩，连你的眼睛也不敢正视，于是你觉得自己占了优势，安心了，也开心了，差点想逗弄我。我敢打赌，

1 译按：击剑（西洋剑）的招式名称。

假如你真有此意，甚至能鼓起勇气揽住我的手臂……原来你住在风暴街，你草率冷淡地朝我屈膝致意。我刚刚帮了你一把，这么对我妥当吗？而你果然回心转意了，向我道谢并伸出手。可是为什么你脸色这么苍白？我的声音、态度没有改变，我的眼神不是依旧镇定？是因为要与我握手的缘故？但握手能代表什么呢？或许，可以代表很多很多吧，年轻的姑娘。两周内我会解释一切，现下你就姑且相信我是好人，如骑士般解救了你，牵起你的手，心里满是温柔和善意吧。

四月七日

“周一，十三点，展览馆见。”很好，我很荣幸将在十二点四十五分抵达展览馆，来个小小的邂逅。

周六我做了一个决定，前去拜访时常周游列国的朋友阿道夫·布伦先生。于是我在晚间七点钟到了西大街，据说他就住在这里。我上气不接下气地爬上四层楼，他居然不在。正要下楼时，我听见柔细悦耳的女子嗓音悄声说：“周一，十三点，展览馆见。那时候其他人都出去了，但你也知道，我不敢在家里和你见面。”邀约对象不是我，而是另一个年轻男子，他转瞬间从我眼前闪过，别说我的腿跟不上，连眼睛都追不到。怎么这里的楼梯间没有灯火呢？我不好判断值不值得准时赴约；但话说回来，若是装了灯，我可能什么也听不到了。现实的就是理性的[1]，而我依旧保持乐观……

究竟是哪位小姐？就像安娜夫人[2]说的一样：展览馆里面挤满女孩子。十二点四十五分，美丽的陌生人！你等候的对象如我一样总是守时吗？你从不担心他可能会提早十五分钟到？无所谓，我配合你……“山怪、妖精或女巫，除去

---

1 译按：出自黑格尔的哲学理论。

2 译按：出自《唐·璜》（*Don Juan*）。

你们的云雾。”[1]现身吧！说不定你已经来了，只是尚未入我眼帘，请赶快露面，难不成要我主动上前？

说不定为同样理由来这里的女士有好几位？难说。至于进来的男士们，一定是来看展的吗？也很难说。有位年轻小姐穿过前厅，动作匆忙好像犯了什么错，连门票也忘记拿出来，所以被穿红色制服的工作人员拦下。真是慌张，看来就是她了。还不到十三点钟，何必如此着急？你是来见心上人的，不是更应该给人留下好印象？纯真的少女赴约时总是有些疯癫，紧张到了极点。至于我，正坐在椅子上，看着田园风情画好不自在……

那女孩像是恶魔的女儿般在各个房间奔窜。你大可稍微掩饰自己心里那把火，记住人家是怎么告诉伊丽莎白小姐的：年轻女子这么急着与男人厮混像话吗？[2]当然，你怀抱的是一颗纯真的心灵。约会总是恋人们最美好的一刻，我清楚记得自己第一次赴约的情况，那就像昨天才发生的一样，我心中充满前所未有的幸福感：第一次敲那扇门三下，第一次看见掩在门后的女孩悄悄拉开门，第一次在夏日夜晚我以自己的披肩覆着女孩。但这种体验掺杂了许多幻想，旁观

1 译按：北欧民俗传奇中的咒语。

2 译按：出自路德维希·霍尔贝（Ludvig Holberg）的作品《伊拉斯谟·孟他努斯》（*Erasmus Montanus*）。

者并不总是认为恋人们看起来美妙迷人。我看过别人幽会，女的美、男的帅，他们想必沉醉其中，但在我看来整个过程叫人作呕。其实随着经验增长，心里那份青涩的渴望会萎缩，取而代之的是明白如何塑造真正的美。我最讨厌看见男人在此时竟因为心慌意乱、情感过盛，而出现酒精戒断[1]的症状。农夫哪里懂得品尝小黄瓜沙拉？本来应该细细品味她的不安，还要点亮更深一层的美，使她发光发热，但他自己却先迷惘了，回家以后还觉得沾沾自喜。

话说回来，那该死的男人究竟在哪里？都已经快要下午两点了，可真是了不起啊！下流到这种地步，居然让年轻小姐空等这么久。换作是我，不就可靠多了嘛！她已经从我面前经过第五次了，是个好机会。“美丽的小姐，请恕我冒昧，您是在找家人吧，看您已经兜了好几圈，而且总是在那个房间停下来。或许您不知道，再过去还有另一个房间，也许您要找的人在那里。”女孩屈膝致谢，这动作很适合她。机不可失，真庆幸那男人没来，浑水摸鱼总是有些斩获：趁着年轻女孩心神不宁，平时不妥的言行或可冒险一试。

我朝她鞠躬示意，尽可能彬彬有礼，然后回到座位上继续欣赏田园山水，不过双眼依旧跟着她。立刻跟过去很危险，

1 译按：原文为拉丁文 delirium tremens，即震颤性谵妄，用于描述酒精戒断反应。

若她觉得我侵犯了隐私便会起戒心。目前她觉得我同她说话是出于好心，对我印象不差，而且实际上我很清楚，那个房间里空无一人。独处一下对她比较好，身边围绕着人群心里自然焦虑，独自一人就能镇定。待时机成熟，我一派悠闲地走进去，跟她多说句话也不为过吧。她方才甚至没与我打招呼。

女孩已经坐下了。真可怜，她的表情好难过，从我这角度看过去似乎哭了，至少能肯定眼泛泪光。太过分了，竟然气哭一个女孩。不行，要冷静，你可以为她讨公道的。我会为你平反，会叫他明白等待是什么滋味。她冷静了些，收敛了复杂的神情，心痛融合着哀伤显得更加动人。她穿着外出服，本来这一趟追寻的是快乐，没想到此刻变得如此讽刺：出门流浪的不是她，而是她的幸福。她的神情仿佛与爱人诀别，干脆让他去了也罢！这场面对我真是再有利不过了，只要装作一无所知，以为她等的是亲朋好友，再说出一些贴心话，字字句句打中她心坎，然后我就会钻进她的思绪里。

太可恶了，那个人竟在这时快步跑进去。想必就是他。唉，慢了一步，千载难逢的好机会就要飞了。或许我可以利用这个局面，若无其事地接近他们。她看见我必定会心一笑，因为她以为我不知道这是幽会，结果全部被我给看在眼里。

这一笑让我们有了默契，好处多多。感激不尽哪，小姐，那个笑容的价值你不会明白的。它是个开端,所谓万事起头难。我总算认识你了，还是因如此巧妙的机缘，目前这样已然足够。你在这儿逗留一个多小时应当是极限了，换言之两个小时内我会知道你的身份——警察不就是为了这种事情才调查户籍的吗?

四月九日

我盲了吗？灵魂的眼睛失去视力了吗？明明看见，却像昙花一现，她的姿态竟从我记忆中二度消逝。我用尽全力想要忆起她的模样，觉得若能再看见一次，即使她混在一百个人里头，我一定能够毫不犹豫地认出来。然而如今我找不到她的踪影，即使我的灵魂如此渴望，却怎么也唤不回。

走在长堤公园，我看似对周遭事物不理不睬，但其实没错过任何东西——直到看见她。我的眼睛动不了，它们抗拒意志，没办法移开视线。我不是看着，而是瞪着她。仿佛剑客出剑之后身体却突然僵硬，我的眼睛化为石头，只能望着同一个地方，想要低头或者别过脸都办不到，更糟糕的是，也谈不上看得明白。进入眼里的东西太多，以至于什么也看不见；我能记得的，只有她身上一袭绿色斗篷。这就好比朝朱诺[1]扑过去却只摸到云朵，就像约瑟从波提乏的妻子那里逃脱[2]，她轻而易举地从我这儿逃走了，留下的只有斗篷。女孩身旁跟着一位年长妇人，应该是她母亲。可笑的是，即便

1 译按：即希腊神话中的赫拉。

2 译按：《圣经》故事，参见《旧约·创世记》第39章。

没有正眼瞧过，顶多是匆匆一瞥，我却可以将老妇人从头到脚描述得一清二楚。现实令人无奈：印象深刻的女孩我什么也记不住，没有多大印象的人却烙印在我脑海。

四月十一日

灵魂陷在同样的矛盾里。我即使看见了她，却又忘记那画面，而且残存的印象太过蒙眬。仿佛担心我的安危般，灵魂急切不安地想要追回她的容貌，只不过无论如何就是办不到。真想挖下这双眼睛，惩罚它们的无能。等暴躁褪去，冷静一些以后，直觉和记忆开始拼凑，但还是无法构成明确的影像，支离破碎的片段组织不起来。好比精致的刺绣，图案比底布要淡的话就看不见。这种心理状态非常怪异，不过其中有股趣味，透过这种感受我能确定自己还年轻。我还年轻的另一个证据是，我的猎物至今只有女孩，没有女人。女人不那么自然，较为轻佻，与她们的关系并非引人入胜的甜美，而太过辛辣的口味要留在最后一道菜。我没想过自己会再一次尝到初恋的青涩，这份情感令我深深陷溺，简直真的沉入水底。难怪我头有些晕了。很好，我能从这段关系中挖掘出更多东西。

四月十四日

我快认不得自己了。思绪像波涛汹涌的大海，如果有人看得见我的灵魂，那会是一艘在风暴中朝着深渊冲去的船，但他看不见的是船桅上瞭望的身影。狂野和激情，你们尽管咆哮怒吼，纵使翻起滔天巨浪也无法淹没我的脑袋——我依旧如同群山之王，安安稳稳地坐着。

但老实说，我很难坐得稳。水鸟在这片心灵的汪洋上找不到立足之地，不过这狂乱是我的天性，就像翠鸟选择筑巢于海上。[1]

火鸡看见红色就竖起羽毛。现在的我，看见绿色就会激动。偏偏眼睛时常受骗，每当看见绿色斗篷我就满怀期待，结果只是弗雷德里克医院的门房经过，于是一而再、再而三地，我的内心空荡荡的。

1　译按：古时欧洲传说翠鸟筑巢于水上，实际上是该属的几种鸟类会在海上过冬及觅食。

四月二十日

知足才能常乐。虽然女孩占据我的心思和灵魂，短期内我也无法得知更多，只能继续空虚惆怅。现在我需要冷静。暧昧蒙眬引发许多强烈的情绪，不过其中也有甜美滋味。我一向喜欢躺在小船上，享受澄澈的月光、静谧的湖泊。于是我扬帆提桨，松开尾舵，整个身子倒下，仰望辽阔星空。船身在湖水的怀抱中轻轻晃动，微风吹送云朵，月亮隐没，此刻我终于在不安之中寻得归宿。波浪的节奏如同摇篮曲单调反复，乌云掠过，光影更迭，引领我徘徊在现实与梦境的交界处。我随水荡漾，却沉入渴求和悸动的怀里。它们越来越安静，越来越柔软，仿佛哄着孩子那般抚慰着我。

眼前夜幕无边无际，幕上希望遍布。女孩模样如月光清晰划过，明亮得刺痛眼睛，又幽暗得捉摸不定。徜徉于涟漪，徜徉于内心，多么写意。

四月二十一日

一天一天过去，我依然没有头绪。年轻女孩仍旧动人，我却无心欣赏，只是不断追寻同样的身影。有时我因而变得不可理喻，对身边事物视若无睹，找不到乐趣。

美丽的季节即将来临，社交场合从室内转至户外，想与女士们亲近相较于冬季要容易许多，而她们虽然健忘，却总是记得与男子的邂逅。的确，参与社交代表有了认识异性的机会，然而我不觉得这是个好的开始，因为这类场合里的女孩都有所防备，很难深入，而且她们与人接触过于频繁，感受也就麻木了。反观寻常街道上，女孩仿佛身处茫茫大海，一点风吹草动就能让她们心里涌起莫大骚动。对我来说，女孩在街角露出的笑靥，值得花上百来元，若是在宴会上与她们牵个手，则连十元都嫌多——两者难以相提并论。但等到关系开始之后，在宴会里与她暗通款曲、眉来眼去则又意义不同，我认为那是真正的挑逗。女方不敢对外人提起，但又在心头挥之不去；她担心男人忘记自己，于是乖乖地被牵着鼻子走。今年我收集到这样的关系不多，收获也特别少。被那女孩占去太多心思了，不过换个角度想，或许她会是我最豪华的战利品。

五月五日

可恶的偶然！我诅咒你，不是因为你曾经到来，而是因为你不再回来。又或者，这处境是你的新发明？你太难捉摸了，虚无的万物之母；必然诞生了自由，最终仍旧得回归子宫。[1]可恶的偶然！作为我唯一的知心，只有你有资格成为我的伙伴，我的敌手。你总是相同却又不同，也因此永远无法为人所了解，像个永恒的谜！我全心全意爱你，以你的形象雕塑自己，为何你仍旧不愿意现身在我面前？我决不哀求，决不低声下气，因为那样的盲目崇拜也无法讨得你的欢心。我必须向你挑战。你为何不露面？难道维持宇宙运行的轮子停止了，你这谜题终于得到解答，于是自身也坠入永恒之海了吗？太可怕了，这世界将变得多么无趣啊！

可恶的偶然，我还在等待！我不愿意借由所谓的原则，或者愚人口中的品德来征服你。不，我要成为你的诗人！我不为别人作诗。请你来到我面前，进入我的诗句中，我愿以诗为粮。即使这样也配不上你吗？古神殿有舞者为神祇表演，而我愿同样服侍你，我可以弃绝一切，衣不蔽体来到你面前。我一无所有，没有任何渴望；我一无所爱，因此无从

1 译按：克尔凯郭尔的思想中，永恒即必然，因此必然者就是永恒的表现。

失去。如此一来，我是否更有资格接近你，因为你自古以来便不断夺取世人所爱所有，你已对凡夫俗辈的汲汲营营忍无可忍。来吧，对我出招，我早就准备好了。无须赌注，唯一代价是彼此的荣誉。将她带到我眼前，揭示那看似不可能的可能性，即使她身边缠绕了彼岸的阴影，我也必定将她带回。[1]纵使她恨我，看轻我，无视我，或者爱上别人都无所谓。我不畏惧，尽管搅动池水[2]，打破沉默。若是饿死我，只显得你手段卑劣，丝毫不彰显你自以为的强大。

1 译按：此处指希腊神话中天琴座的故事。缪斯女神之子俄耳甫斯是极具才华的诗人和七弦琴手，妻子意外亡故后他前往冥国，得到冥王首肯让妻子重返人世，然而冥王要他在两人回到人间之前不可回头。他回到人世以后，因为担心妻子而回头，但妻子尚未走出冥界，于是又被神秘力量带走无法复活。

2 译按：《新约·约翰福音》5：4的引喻。（自20世纪以来，此一节经文颇有争议，许多版本的《圣经》常将其删去。——编者注）

五月六日

春来了，万物蓬勃，年轻女子亦然。她们卸下斗篷，而我朝思暮想的那件绿斗篷想必也被束之高阁。在街上偶遇的缺点便在于此：若是社交场合，能够立刻得知她的姓名、住处、有何亲友、是否订婚。对一般脑袋清楚且理性的追求者而言，最后那件事情尤其重要，他们决不沾染名花有主的女子。但他们若身在我这处境，岂非痛苦莫名，倘若终于探得对方消息，却发现人家订了婚，那实在太悲哀了。幸好我不怎么在意，女孩有婚约也只是一出闹剧，不管闹剧或悲剧都不值得恼怒，但冗长无趣的戏码就另当别论了。至今还没有她的一丁点儿线索，我却什么手段都施展过了，也因此不时感受到诗人所说的：

> 长夜漫漫、风雨交织，前途仍旧残酷，
> 所有苦痛集中在这小小的营地。
> Nox et hiems longaeque viae saevique dolores
> Mollibus his castris et labor omnis inest.[1]

---

1 译按：引自奥维德（Publius Ovidius Naso）的著作《爱的艺术》（*Ars Amatoria*）。

也许她来自别的城市，也许她来自别的国家。也许、也许——就算我对这么多的也许感到愤怒，仍看见更多更多的也许。手边的积蓄足够我时常出门，但在剧场、音乐会、舞会或市集都找不到她的身影。换个角度来说，我是高兴的：频繁出没这些场合的年轻女孩，其实也不值得我费心征服。她们缺乏独特性，那之于我是个不可或缺的条件。相比起来，在一群吉卜赛姑娘中找到裴瑞秀莎[1]有何不可思议——那些年轻女孩压根儿不明白，只要上了市集，自己就成为待价而沽的商品！

---

1 译按：皮乌斯·亚历山大·沃尔夫（Pius Alexander Wolff）的剧作《裴瑞秀莎》（*Preciosa*）。

五月十二日

孩子，你为何不乖乖站在门口呢？下雨的时候，女孩子在别人家门口躲雨没什么不妥。我自己没带雨伞时也会这样做，甚至有时候明明有带伞，还是会来躲雨，就像现在。我还说得出好几位有名的女士，她们丝毫不介意这么干。镇定些，背对大街，如此一来路人甚至没办法确定你是在这儿避雨，还是准备要进门。反而是躲在半掩的门后显得不体面。顾虑到后果的话就更没错了，你越是躲藏，被人找到时就越是尴尬。也罢，既然要躲，那就站稳，召来你的守护灵，委身天使的眷顾，别三不五时偷看雨停了没。真想要确定的话，不如迈步出去，抬起头认真看看天空。鬼鬼祟祟、犹豫不决、紧张焦急地伸出脖子又连忙缩回去，那是小孩子很熟悉的动作，叫作捉迷藏。偏偏我是最爱玩游戏的人了，见着这画面就仿佛收到了邀约，怎么能够不动心？

别以为我对你有什么不轨企图，就像你探头也同样没有恶意，这是世界上最纯真的举动。你不需要怕我，我的名声也不容你诬赖。更何况，这事情是你起的头。我建议你别对任何人提起，毕竟你才是有责任的一方。我的提议，不外乎所有绅士都会有的反应：我借你一把伞吧。

那女孩去了哪儿？也太妙了，她居然躲在门房那里！未免太可爱、太活泼也太单纯了。“请问你有看见刚才躲在门后探头张望的那位小姐吗？看来她需要一把伞呢。我，还有我的伞，正在找她。”你听了一笑。或许你会要我明天派仆人过去取回雨伞，还是希望有辆马车到门口呢？不必谢我，这是应该的。有段时间没见到这样动人的女孩了，眼神既纯真又大胆，姿态活泼却守礼仪，然而藏不住一颗好奇心。回去小心，孩子，要不是为了那件绿斗篷，我或许会更靠近。她朝着市集大街走去，模样天真中充满自信，而且绝不矫揉造作。她步履多么轻盈啊，扬起头来十分爽朗。不过那件绿斗篷逼着我克制自己。

五月十五日

感激你，仁慈的偶然，请你接受我最深的谢意！她落落大方，身旁却围绕着一股神秘气息，宛如沉思的云杉，新生的树芽专心致志从地底朝苍穹射去，难以解释，连自身也无法理解，浑然天成又密不可分。若换作榉树，则像戴着王冠，王冠下的种种，透过群叶呢喃诉说。云杉因为没有王冠，也就没有故事，成为一个谜——她成了谜，隐藏于自身，却又显露于自身。那份内敛的冷傲可与云杉媲美，深根固柢却又盎然矗立。不过她周围笼罩着淡淡的哀愁，似是森鸠的啼泣，渴望极深，却不知所求为何。谜语的神秘之处，在于它是自己的解答，而非尘世诸国所谓的机密；除至极之美，还有何物能够揭开谜底？太诱人，太芳醇。丹麦文的“解谜”（at løse）便是这样巧妙的词汇，多重含义的组合真是一绝！只要人说话的声带没有“解开”（løse），灵魂的宝藏就仍是未“解”（løse）之谜。年轻女孩亦是这样的谜。

请接受我的感恩，仁慈的偶然！假使我在冬季遇见她，她身上大抵仍是那件绿色斗篷，且因天寒地冻，身子麻木，而不免减损了几分美貌。此刻遇见则是多么幸运！第一次清楚地看见，就在最美的季节：即将入夏，午后阳光如此和煦。当然冬天并非全无优点，舞会场地多半灯光优美，能烘托出女孩们身着礼服的曼妙身姿，只可惜在那种地方没办法欣赏到她的全部——有太多规矩，无论她遵守还是抵抗，都难以展现自我。再者，浮夸与虚荣只会引人不耐，反而减损了乐趣。有时候我也放不下宴会的奢华，尤其里头充斥年轻美女和参与许多人际游戏的机会；但我还是对于可能性有着更美好的想象，最能捕捉我目光的并非特定类型的美，而是某种整体感。那是所有女性美好结合起来的形象，我所有举措都是为了追求那幅肉眼无法欣赏到的画。

东门与北门之间的步道上，大约下午六点半，阳光逐渐暗淡，只有地平线上一抹微明。大自然的呼吸更加自在，湖面平缓如镜，映照出周边形状温暖友善的房舍，稍远处则落入金属一样的黑中。夕阳余晖照耀着步道与对面的建筑，天空明丽辽阔，悠闲飘荡的浮云只有盯着水面时才容易看见，不消片刻也消散无踪。附近连一片叶子颤动的声音也没有。是她——即使身上没再披着绿色斗篷。我的眼睛没说谎。纵然为此刻准备了很久，我却无法压抑那股骚动，一颗心上上下下的，好像云雀的歌声回荡在原野。

她是一个人。身上穿着什么我记不得了，不过印象终于鲜明起来：她一个人，明显出了神，专注于自己的心事。并非绞尽脑汁地思考，而是一些念头不断转动，交织出发自灵魂的渴望与多愁善感，是少女许多不可解的叹息之一。

她正值最美的年纪，女孩的发育和男孩不同，几乎可以说是先天后天之分：男孩会成长，不过需要花上许多时间；女孩则是经过许久才能诞生，而生来即如是。她们蕴藏无限丰盛，诞生时已完整，只是所谓的诞生的时刻来得晚。一个女性会诞生两次，第二次是成婚，或者更精确地说，是停止继续诞生的瞬间——此时她才真正诞生了。密涅瓦从朱庇特的脑袋出来时就已经是个女神，维纳斯从海沫中带着所有的善美现身——每个年轻女孩都一样，只要她们不被所谓的成长给败坏。女孩的苏醒并非渐进式的，而是一眨眼的事情；她们梦想那一刻很久很久，就怕被不明事理的人蛮不讲理地摇醒。那个梦里充满了无限的丰盛。

女孩的注意力不向外，而是向内。她的内在有一片无边的宁静。年轻女子的丰盛正在于此，而去拥抱这样的丰盛，则让一个人自身也丰盛了。她丰盛，即便她不知道自己拥有这么多；她丰盛得如同宝库。女孩散发出静谧，带着一点点的愁绪，看上去轻飘飘的，就好像神话中被精灵带走的赛琪。[1]不对，也许她更轻，因为女孩自己承载了自己。圣母升天这话题任由神学家继续争辩真伪，在我看来却全然能够想象，她仅仅是不再隶属这世界；年轻女孩的轻盈

1 译按：神话中象征灵魂的女神，或译普赛克。

也足以对抗重力，那些学者同样无法体会。

女孩没有注意到别人，也就以为别人没有注意到她，我隔着一段距离好好欣赏。她走得缓慢，她的平静或这片景色的安详都不受任何干扰。湖边坐着一个正在钓鱼的男孩，女孩停下脚步，凝视湖面及浮标。尽管走得不快，她还是稍稍热了起来，于是解开披肩底下的小丝巾，恰好一阵凉风拂过雪一样白又温润的酥胸。那男孩好像不喜欢给人看见自己在钓鱼，回头望向女孩时脸上有股冷漠。他的确模样滑稽，怪不得她笑了出来。那笑容多么青春，要是没有旁人在，她说不定还敢跟那男孩打上一架。她的一双眼睛大而晶亮，若是仔细观察，仿佛有道浅浅的光芒正照耀一片无底深邃，这片深邃难以穿透但纯净和煦，一抹淘气随着嘴角上扬而涌现。她的鼻梁弧度精致，从侧面望去与额头几乎连成一线，显得短而利落。

她往前走，我亦步亦趋。还好路上有些人，我假装与他们讲话，在女孩后面保持一定距离，也难免还要放慢脚步配合。她朝东门走去，我盘算着如何靠近而不被发现。角落里有栋屋子，躲在那儿或许不错，正好那户人家的主人我也认识，装作路过拜访就好。于是我加快脚步，像是完全没注意到她似的从她身边经过，在她前头很远的地方先与朋友寒暄，然后找了靠窗的位置坐下。她慢慢接近，我在客厅里一边喝茶聊天，一边向外张望，看她那种步伐，肯定没有受过多少舞蹈训练，然而她的姿态带着傲气，是种天生的娇贵，可惜她自己没有意识到这一点。在这朋友家里，我比预期中还要多观察到几眼，之后她便走远了。我远眺湖畔码头，没想到她居然停在那儿。这时我才恍然大悟，或许她目前住在附近乡间，和家人在别墅避暑。

我后悔来朋友家做客的决定，担心她若折返会从我视线中逃离。当她走到码头底，我确实就要看不见了，没想到她突然又现身，从我这朋友家前面走过去。我只好匆匆抓起帽子和拐杖，准备继续尾随，直到找出她的住处。慌乱之中，我撞到一位女士递茶的手,她吓得尖叫。我拿着帽子和拐杖，暗忖怎样快速脱身，最好还能反过来利用这意外。于是我故作忘情地大叫：“真是对不起，我应如该隐一样自我放逐才是!”没想到命运仿佛与我作对，主人听见以后更坚持要我用过茶才能走，还要我给那位女士递杯子作为赔罪。看这气氛，我不答应的话，说不定他会强压过来，所以我只好从了。之后，我果然失去了女孩的芳踪。

五月十六日

恋爱如此美妙，明白自己恋爱了则饶富趣味。两种境界并不相同，就像她二度从眼前消失，我一方面愤愤不平，一方面却又感到欣慰。那女孩在我心里的形象介于真实和理想间，我终于能在脑海中看见她了，然而正因为无法确知那个印象是真是幻，反而更加诱人。截至目前，能够确定她和我居住在同一个城市，就已足够平息我内心的浮躁。只要还有机会相见，我就能慢慢品尝她的形影。我自觉受到上帝恩宠，否则怎会如此幸运，可以再度陷入爱恋。这种情绪光靠钻研和技术绝对无法仿造，纯粹是恩典。既然又有了悸动，我想看看能够维持多久，于是便如同对待初恋般呵护备至。能够重温这种感受何其好运，所以更要小心珍惜，毕竟相较起来，遇见值得诱惑的女孩，比起诱惑她的过程更让我刻骨铭心。

爱情充满神秘，初恋的感受无论轻重，都是解不开的谜。多数人会一头栽进去，急急忙忙准备订婚，甚或有更愚昧的举动，于是转瞬间结束了美好，连自己拥有什么、失去什么也来不及分辨。她两度现身、两度消失，代表必然会再露脸。约瑟为法老解梦时也说过，梦见了两次，代表即将成真。[1]

1 译按：参见《旧约 · 创世记》41：32。

预先知道自己的生活受什么力量左右，也算是件有趣的事情。那个女孩还过得平静，尚未意识到我的存在，自然更不清楚我的内心转变，以及我打定主意要走进她的未来。我的灵魂期待双方在现实中有更多交集，这股渴望越来越强烈。一般来说，若女孩子给人的第一印象不鲜明，没能撩拨埋在意识深处的理想，男人对于与她在现实里互动就不会那么积极；反过来说，只要挑动了那个理想，无论男人经验多么老到，同样会心慌意乱。我通常会建议处在这种情况的人，他要是不够信任自己的手眼，自觉没有太大胜算，反而更要勇往直前，因为那份焦虑会生出非凡的力量——那股冲动巧妙结合了对对方与对自己的爱。只可惜，前进了以后，就又错过一种乐趣。若自身完全沉溺在那种关系里，就无法从另一个角度好好欣赏。两种角度何者较美很难抉择，但是何者有趣则高下立判，因此最好的方式，是尽可能接近中线。对我而言，这是最享受的做法，但别人是否有同感，我无法肯定。若只是占有，未免太过肤浅，为了占有而采取种种手段，甚至涉及金钱、权位、暴力或药物等，就更是低劣得无以复加。爱情若是缺了彻底的投入——至少来自其中一方——实在没有意义。然而彻底的投入来自精神层次，一般恋人在这方面很匮乏。

五月十九日

原来她叫考狄利娅！考狄利娅！多美的名字。名字当然很重要，若将各种好的形容词与一个庸俗的名字摆在一块儿，岂不突兀。我远远地就认出了她，考狄利娅的左边另有两个女孩，从她们的步伐看得出来正要停下来。我躲在街角，假装看着墙上的海报，但视线一直逗留在她们身上。三个女孩朝不同方向走，另外两人继续前进，考狄利娅则朝我靠近。不过才走了几步，另一个女孩又追过来大叫，声音连我也听得一清二楚："考狄利娅！考狄利娅！"她和另一人又和考狄利娅会合，三人交头接耳地说起悄悄话，我努力想听见但不得其法。半晌后，她们娇笑转头往之前那两人的方向走过去。我跟在后面，看见她们进入河滨路上一间屋子，便在外头等了等，暗忖考狄利娅可能会独自出来，可惜事与愿违。

考狄利娅！真是个美妙的名字。李尔王的第三个女儿也叫考狄利娅，一个不将心事挂在嘴边，总是默默承受的好孩子。我的考狄利娅想必不输给那个公主。但也许她会将心事挂在嘴上，以更加容易感受的形式表达——一个吻。她的双唇多么丰润！如此美丽的唇真是前所未见。

正因为我想隐藏思绪，即使面对自己也不愿承认，于是我明白这就是恋爱。所有的爱情都是隐秘的，即便不忠贞的爱也一样，只要其中含有美就无法例外。于是，尽管还不知道她的住处，只得知她常常到访的场所，我反而有点高兴，说不定我可以因此更接近自己的目标，能在不引起注意的情况下好好观察，并利用这优势打入她的家庭。要是途中受到阻挠——也罢！——我仍会坚持下去。一切都出于爱，我的爱也出于爱。

五月二十日

今天我打听到她去过的那户人家的消息。屋主是位寡妇，有三个漂亮的女儿。直接登门拜访应该能打听出更多，当然前提是她们真的知道些什么。而且面对面时有个难题，就是如何从三次方程式中过滤出讯息：她们喜欢三人同时说话！

女孩的全名是考狄利娅·瓦尔。海军军官之女，父母双亡多年。父亲性情严格，目前与她同住的姑姑也是类似脾气，除此之外则是个颇为体面的妇人。至此一切顺利，可是接下来这三姐妹就没什么可以告诉我了。她们从没去过考狄利娅家，倒是考狄利娅常常来访，因为她和昨天看见的两人都在皇家餐厅学习烹饪。她多半午后过来，偶尔早上到，晚上就不可能了，家教很严。

探到的就这么多，没能够与考狄利娅的家庭搭上线。

不过我了解到，考狄利娅已经体验过人生的苦涩和黑暗，这一点出乎预料，何况事情在她童年就已经发生，说不定她并未意识到自己是在特殊的环境下长大的。然而在我看来，这是美事一桩：各种遭遇保全了她的女性之美，使之不受扭曲。同时我体会到另一点，也就是适当引导与提升她的层次有多么重要。原来那份冷傲不是偶然，是生存的必然，可喜的是，考狄利娅没有被压垮。

五月二十一日

她住在城墙附近。不是好地点。那一带我没有认识的朋友，也缺乏能够躲起来偷看她的公共场所。城墙上不太妥，很容易被注意到；走在底下也不好，墙壁下可不是人走的，贴着房舍那头则什么都看不见。她住处偏僻，周边没有其他人家，还好从街上可以望见几扇窗户，里头应该有她的卧室。

五月二十二日

今天第一次在詹森太太家里见到她。有人介绍，但她看来没怎么注意我，我也顺势保持距离，以便更仔细观察。考狄利娅只待了一会儿，她只是过来找那对姐妹一起去上课。詹森姐妹去更衣，于是客厅里剩下我俩，气氛疏离。我讲了几句无关痛痒的话，她也只是礼貌回应，随后便离去。当然我可以主动护送，不过那代表我只是个普通的追求者，而我早已决定不用这种方式赢得她的芳心。反之，她们一走，我也告退，以更快的脚程沿着另一条路线往皇家餐厅绕过去。于是当她们到了市集大街上，我如同一阵狂风掠过她们身旁，也没有同她们打招呼，她们都大吃一惊。

五月二十三日

我必须设法进入她家，为此我像军人一样枕戈待旦。不过这个任务恐怕冗长艰困，我从未见过与世隔绝至这般地步的一户人家，家中只有她与姑姑，没有别的手足、表亲，于是我也没有任何或远或近的关系可以攀附，只能继续空着手前进。事到如今，我说什么也不会用这只手揽着另一个人。这只手得像只钩子，而且得随时准备好，一旦远方出现机会或可以帮忙的朋友，就要立刻钩住。此外，我认为她与姑姑遗世独立实在不妥，女孩会失去学习世间种种的机会，这也有可能造成许多负面的影响，这一点值得留意。婚约也是类似的道理。与外人往来少，就不容易遭小偷，家里来往的人多，掉东西也就不会很奇怪；但是一个过客很多的女孩子还有什么值得窃取的，才十六岁心里就塞满男人，我可懒得在那么拥挤的空间里签名，就好像我从不在窗台、酒馆墙壁、树干或公园椅子上签名留念。

五月二十七日

我越观察越觉得她太过孤僻了。男人不应如此，因为成熟来自省察，而省察来自与他人的互动。相对来说，女孩子不应专注于取悦他人，因为取悦他人的过程其实是提供部分的自我，好比有韵味的艺术会反映出创作者的人格；更不消说年轻女孩看似取悦他人，真正目的常是取悦自己。这就是为何美学反对矫揉造作。但如果矫揉造作是个误解，其言其行确实出自天性，那又另当别论。比方说女性的娇羞，就算认为是种做作也美不胜收。能取悦别人的女子时常放弃了天性，而她们取悦的对象也同样失去了真正的男子气概。这类女子一开始就在关系中取悦男性。由于女性身体较为柔弱，年轻时反而应与男性保持距离、忍受独处。但独处是种假象，也是上天赐给女性、国王赐给公主的宝贵嫁妆。考狄利娅就因为仍停留在这种假象中，所以才过着孤僻的生活。

我时常思索，最折损年轻女孩的是什么？我想莫过于与同年纪的同性朋友厮混。坏处不外乎是混淆自身定位：成群结党，独身假象被破坏了，朝着错误的方向前进。女性的根本依旧在于成为男性的伴侣。[1]与同性交际太多，会使

1 译按：引述《旧约·创世记》第2章中对男女有别的概念。

她们对交往过分思虑，于是她们学会的只是如何成为一位交际花而非伴侣。人类的语言针对这一点也传达了明确讯息：称呼男人是“主”[1]，但女性并非“仆”，可见就本质而言，女性是伴侣，而不是下人。

我的理想女性形态是能安于孤独，无须与其他女性过分往来。虽说神话里象征女性美慧的女神不止一位而是三位[2]，应当也无人想象她们会东家长、西家短，闲扯个没完没了，反而是透过沉静的三位一体显现出女性独有的美感。从这个角度来说，我倡议要女孩待在闺房里，只要小心拿捏就不会适得其反。年轻女孩该享有自由，但不可给予过多机会，如此一来可保住其美又避免她们过度讨好男性。假如女孩已经有太多同性朋友，就算戴上面纱，甚至披上婚纱也毫无意义。所幸在具备足够审美能力的人眼里，一个保有纯真的女孩就如同藏在轻纱底下，是否真的披上倒无关紧要。

考狄利娅的成长中有艰苦，这点要感激她父母的牺牲；而她能避世脱俗，则是姑姑的功劳。这个女孩还没有受到凡尘污染与花花世界的迷惑。她傲气够，不屑于其他女孩那些

1 译按：此处指丹麦文中的Herre（以及其他语言中的对应表述，如英文中的master）通常有“先生”和“主人”两种用法。此概念和比喻因为文化不同所以无法完整对应于中文。

2 译按：指美惠三女神。

小小愉悦。这好极了，我知道怎样发掘她的真心。或许考狄利娅对一般女孩喜欢的东西没太大兴趣，但是她好辩，因为她有一颗浪漫的心，加上还处于幻想中。这样的女孩倘若给不对的人带走了，可能培育出许多违反女性之美的气质，不过原因正是她保有太多的女人天性可以开发。

五月三十日

我们无处不相逢，今天就见到了三次。我知道她的每个行程，掌握了何时何地可以与她相遇，但是我并没有利用这些情报真的与她碰面。相反，我挥霍大好机会。要是为了巧遇必须花费好几个小时，那么不如不遇，所以我没有刻意接近，只是在她的生活周遭出没。即使我得知她会前往詹森太太家，除非有什么重要的事情必须近距离观察，否则我不会赶过去。通常我会提早一些去拜访，可以的话和她在门口、在楼梯上擦肩而过，脸上总是一派漠然。这是要她踏进的第一张网。

在街上，我不拦下她，顶多远远与她打招呼，非但不走近还总是保持距离。理论上经过不断偶遇，她应当已经察觉生活起了一种巨大转变，但仍无法理解背后是什么原理在运作，所以好奇又不安。渐渐地，她东张西望、左顾右盼，想要找出这一切的缘由，却始终无法意识到世界以她为中心，围绕着她转动。如同身边其他人，考狄利娅以为我总是忙着工作、行色匆匆，而实际上我如同费加罗[1]：一种、两种、三种、四种，总是有许多计划——这是我的乐趣所在。

---

1 译按：见莫扎特的作品《费加罗的婚礼》（*Le Nozze di Figaro*）。

在我发动攻势之前，必须先与她熟识，完整了解她的心理状态。很多人享受女孩就像啜饮香槟，趁着还有气泡一口喝下。喔，没错，那一刻很美好，多数女孩能提供的也不过如此，不过总是有少数例外。若一个人的心灵脆弱，不足以承受清澈明晰，那么只好停留在暧昧不明的阶段。但在我看来，考狄利娅可以承受。从这份爱恋之中萃取出越多牺牲奉献，乐趣就越多。太短暂的享受和强暴没有两样，就算并非肉体上而是心灵上，但总之强暴、强吻的乐趣是凭空想象。所以应该指引女孩以自由意志献身，使她们感觉找到了自己的幸福，即使不受强迫也主动乞求——这才是真正的乐趣，不过需要高明的技巧。

考狄利娅！的的确确是个好名字！我坐在家里反反复复如鹦鹉般自言自语。我说：考狄利娅，考狄利娅，我的考狄利娅，你是我的考狄利娅。想象到了关键时刻，我还真要说出这样一串话，我的嘴角禁不住上扬。事前的准备和安排很重要。诗人描述恋情最美的一刻（当然，有些人从未抵达）不会以洒水来形容，他们总是说浸入，就像泡在海水里，等到起身，过去的自己已经被洗刷干净，互望时意会到彼此相识已久，尽管现实中两人相逢可能只在片刻前。对年轻女孩而言，这是最为感动的瞬间，可是想要深刻感受，则需仰赖更高的层次——单纯接受洗礼还不够，应当主动成为施洗者。接下来的发展之所以有趣，是因为即将出现的反讽：精神上，长袍该褪下了。懂得诗意的人明白不可打乱仪式，所以将窃喜藏了起来。

六月二日

我很久以前就注意到她那份冷傲。与詹森三姐妹相处时她话也不多，嘴角那抹很浅的笑意透露着厌烦。我相信我猜得没错。不过偶尔她又天真狂野得像个男孩，连詹森家的人都觉得讶异。分析下她的童年就不会觉得奇怪，考狄利娅有个比她大一岁的哥哥，她接触到的就是父兄二人，再加上身世际遇充满波折，自然觉得平常人聊的事情很蠢很无趣。父母婚姻不美满，于是她没有透过家庭生活培养出一般女孩子的兴趣和喜好，可以说她根本不明白平凡的女孩该是什么样貌。或许有些时候，她希望自己是男人。

考狄利娅想象力丰富，精神高亢炽热——她具备所有要件,不过却不自知。今天发生的一件事情让我更加确信此点。从詹森家那里听说她不会乐器，因为姑姑不想她学，这点使我颇为懊恼，因为音乐是与年轻女孩交流的最佳通道，当然过程中可不能严词批评。前去詹森太太家的时候，我没有敲门，这种举动虽然失礼却时常有奇效，而且我偶尔会故意敲敲敞开的大门来平衡形象。总之那时我正好瞧见考狄利娅一个人坐在钢琴前面，似乎偷偷练习着。她弹的是一首瑞典小调，琴艺确实不怎么样，还越弹越激动，可是一会儿以后她克制自己，让手法轻柔下来。我关上门，站在外面聆听考狄利娅的心绪起伏，有时那股激情使我联想到名为梅特莉儿的少女[1]，每当她拨弄金色琴弦时乳房就涌出汁液。考狄利娅的琴声也一样悲伤、激昂。我可以把握这时机上前，接近她，但这么做愚蠢至极。回忆不只是保存，还是延伸，一个感受若在记忆中缭绕不绝，就会有无穷韵味，好比诗集里夹着小花——小花被放进去那一刻本身极美，而后来回想又别有一番滋味。考狄利娅想要隐瞒自己会弹琴，或者她就只会这么一首曲子，也许这首曲子对她有特殊意义？目前不能肯定，但推敲起来，这件事情之于我的计划有很大的意义。等到能够与她深入对谈时，我要诱她一步步跌进我的陷阱里。

1　译按：学者推测此处是指中世纪的丹麦民谣《梅戴沃尔德先生》（*Herr Medelvold*）。

六月三日

我还是打不定主意要以什么方式深入了解考狄利娅，所以只能先安静地躲在幕后，就像战场上的侦察兵趴在地面，探听敌人脚步接近造成的震动。对她而言，我仿佛不存在，两人之间的关系没有好坏，根本是一片空白。但我不敢轻举妄动，小说里头常写道：爱她，就看着她。的确，爱情之中不存在辩证，可是我们真能从小说里头学习到何谓爱情吗？里头充斥的谎言只会减损爱情的寿命。

更了解她以后，对照初次相遇，考狄利娅在我心里的印象已经有所转变。这对她是好的，对我也是好的。年轻女子独自行走，或者如此内敛，都属罕见，即使以严格的标准来评断也得说：她很迷人。虽说姣好的容貌转瞬即逝，但我之前不知道她经历坎坷，更难得的则是这些艰苦并没有显露于外表。

现在我想要明白她的内心世界。看她自由翱翔的模样，想必没有谈过恋爱，也并非那种虽为处子之身，却能充分想象躺在爱人怀里是什么滋味的女孩。截至目前，她在现实生活中遇见的人尚不足以扰乱梦和真实的界限，因此她的灵魂持续从理想得到养分滋润；不过她所看见的理想并非牧羊女或者小说女主角，恐怕是类似圣女贞德的人物。

接下来的问题是，考狄利娅的女人天性是否强烈到让她自己有所体悟，或者只能停留在美貌和迷人这种层次上，也就是，她是否有勇气将弓弦拉满？寻求近在眼前的女性韵味固然美妙，愿意冒险尝试则更加有趣，而眼前最简便的做法就是给马上鞍，给少女带来追求者。有些人觉得这样会折损了年轻女孩，不过我认为那是误判。若女孩的唯一优点就是漂亮娇嫩，那或许真的别接触爱情才好。但考狄利娅性情不同，这做法有益无害，所以我毫不犹豫地为她物色对象。

追求者也得有一定素质，否则这么干就失去意义了。他必须体面，最好也要迷人，但无法满足她内心的澎湃热情。最后她会看轻对方，并且厌恶爱情，明白命运和现实能够给予的未来，她会对自身本性感到犹豫迷惘，怀疑爱情不过尔尔、乏味至极，然后以自己卓绝的爱为傲。骄傲使她更令人着迷，色彩更鲜艳，同时却也将她推往深渊，这真是趣上加趣。就先从她原本认识的对象找起,或许早就有人展开追求；即使没什么人会去她家拜访，毕竟考狄利娅还有外出，所以不无可能。确认这点之前不能贸然行事，两个配不上她的追求者互相竞争只会带来恶果。我得先确认是不是真有这样一个男人，想要得到她又没有勇气进她的家门，好比偷鸡贼找不到鸡笼的缝隙。

总而言之，最高指导方针和整个计划的重点始终不变，就是营造出有趣但看似无关紧要的互动场合。趣味是唯一诉求，必须发挥到极致。若我没有弄错，她是为此而生，所以我追求的正是她所能给予的，也是她所渴望的。明白一个人可以给予什么、内心又期待什么，是非常重要的。对我而言，感情关系十分真实，是生命的一环，有时候还具备教育性，指引我学习其他技能。例如初恋的时候我学会跳舞，后来为了一位舞者我又学会法语。当时我还傻，在那个市场里头老是上当，现在我学聪明了，还没开市就下订金才高明。其实考狄利娅的趣味说不定在某些面向已经耗竭，她的深居简出就呈现出这种迹象。我应当发掘其他层面，那些因为她抗拒反而更有趣的元素。为了达成这一目标，我需要的不是诗意，而是庸俗乏味。起初她的女人天性会被无聊话语和嘲弄抵消，但又间接被我不带情感的才智表现打开心房。她会忘记自己是个女人，并因此受不了孤独，只能投向我的怀抱——但这时候她还不将我当作爱人。接着，只要撩拨那颗女性心灵，使她的情感达到巅峰，超越一切阻碍。届时，女性之美将达到无比的高度，她会满怀着热情而为我所有。

六月五日

果然无须舍近求远，考狄利娅有时会去批发商巴克斯特的家里，商人的儿子爱德华正好就暗恋着她。那太明显了，眼睛没瞎就瞧得出来。爱德华与父亲一起经商，他长相不差，性格也好，虽说害羞了些，我想这无伤他在考狄利娅心中的形象。

可怜的爱德华！他压根儿不懂得如何追求心仪的女子。知道考狄利娅傍晚会过去，就只是急急忙忙换上崭新的黑色礼服和领结，确实是为她而努力，可偏偏这么打扮起来，就与大厅里其他人格格不入，反倒显得好笑。此外，他扭捏到了不可思议的程度，倘若是伪装的话，这爱德华可会是我棘手的情敌。要演出这么别扭的人可是需要莫大苦心，运用巧妙的话，则有奇效，我也曾经故作羞赧来欺骗小姐啊！女孩子表面上对羞涩的男人不假辞色，但心里多半喜欢，因为可以满足她们的虚荣心，好像她们地位比较高似的。她们最在乎的就是优越感。倘若哄骗成功，等女孩以为男人太过害羞、即将放弃时，他却忽然表现出强烈的男子气概，这巨大的落差会让女孩子更觉得能够依赖。羞赧的模样能削弱男性氛围，使人暂时忘却性别隔阂，等女孩意识到是自己误解了，内心会羞得不得了，再回想起以前那些逾越分际的言行，简直是把大人当小孩看，于是尴尬到了极点。

六月七日

我和爱德华成了好朋友。这是真诚而美妙的情谊，简直超越了古希腊的黄金时代。自从聊了关于考狄利娅的事情以后，我们就变得更密切，他话匣子一开，不免说出自己的苦恋。爱德华确实可怜，单恋非常久了，每次见面就要盛装，晚上还护送对方回家，但每次想象两个人若能手臂挽在一起，他就会心跳加速。路上他们一起看星星，到了以后，他摇门铃，然后考狄利娅便消失在门后，爱德华心情沉到谷底。当然，下次见面时，他又重燃希望。直到目前为止，即使有那么多次机会，他始终没有勇气踏进考狄利娅家的门。我虽然心里窃笑，却觉得他这种孩子气其实可爱。虽说我在这方面经验丰富，但可还真没有注意到自己有过他那种状态：因为迷恋而焦虑、颤抖，完全无法镇定。我不是没有情绪，但那些感受只会让我更坚强。也许会有人据此认为我没有真正恋爱过，说不定事实如此。

总之最后我还是按照计划进行，要爱德华信任我，在明天踏出关键的一步，也就是亲自对她提出邀约。我甚至说服了他，让他答应会约我一块儿去。在爱德华看来，这代表我们之间友谊深厚。对我而言，则是一切都在掌握中，只待届时意外现身。若考狄利娅已经察觉到我不断出现，想必我这次的现身会让她更加摸不着头绪。

以往我没有预演对话内容的习惯，但为了取悦她姑姑，我不得已而为之。换言之，我可是很有义气地出面为爱德华做掩护。由于她姑姑以前住在乡间，我便特别搜集这方面的资料,而经历这场对谈,我也长了不少见识,算是意外的收获。

应付姑姑这部分相当成功，她对我的印象是稳定可靠、性情温和，不像时下那些毛头小子。但是考狄利娅好像没那么欣赏我；那种天真的女孩脾气，自然期待所有男人都让着她，哄她，而她在我身上看到太多叛逆。

我们都坐在客厅里，她像天使一样将美好幸福散播在所有人和事物上，我偶尔觉得快要失去耐性，想从暗处冲出去——虽然我人在客厅，却像是正躲在暗处窥伺。我真想牵起她的手，拥她入怀，将她好好藏起来，免得被别人夺走。我与爱德华离去时，她过来送客，礼貌性地伸出手。我真不愿意放开,免得鸟儿就这么飞走。但我还是得沉住气，有句话说：“过去的冲动成就现在的科学。”[1]我必须以另一种方式将她拉入这张网，爱恋的火花必须转瞬即逝，过早进入肢体调情反而会破坏美好的一刻。你该感谢我啊，考狄利娅。正因为我愿意朝反方向施力,将爱的弓弦越拉越紧，

1　译按：原文 quod antea fuit impetus nunc ratio est，引自奥维德《爱的医疗》（*Remedia Amoris*）。

伤痕才能深刻难忘。如同熟练的弓手，我稍微松开弦，欣赏那清脆的声响。那是我的战歌。时机未至，不必急着架箭瞄准。

同样一小群人，同样一个小空间里的频繁聚会，每个成员自然而然渐渐有了固定的位置和领域，形成一幅随时能在脑海中重现的画面。瓦尔家的情况也一样，我们的互动模式如同一幅静止的油画。傍晚喝茶时，原本坐在沙发上的姑姑会起身走到缝纫小桌那里，考狄利娅让出位子给她，自己则走到沙发前的茶几那儿，爱德华会跟过去。而我呢，就待在姑姑旁边。爱德华想要营造两人世界，不过他太想压低音量了，结果有时候根本没人听得见。至于我和姑姑聊天可就没什么好顾忌了，话题有市集的物价、一磅奶油需要多少牛奶当原料、制作过程如何等等。年轻女孩听这些很妥当，贴近现实又具有教育意义，能够裨益头脑与心灵。一般来说，我会故意背对着在茶几边的爱德华与考狄利娅，仿佛他们谈情说爱，我也和姑姑有了忘年之恋。大自然就是如此奇妙，可以创造出奶油这样的东西，多么宝贵，多么不可思议！而姑姑绝对听不到爱德华和考狄利娅聊了些什么——当然前提是他们真的聊了什么——我答应帮爱德华掩护，说到就会做到。不过我自己可是将他们那头的一字一句、每个动静都收入耳中。我不得不留意那边的情况，因为最慎重或最胆小的人有时也会忽然采取极端手段。虽然我一直没有加入他们的对话，但仔细观察考狄利娅之后，我可以肯定她意识到了：她与爱德华之间总是夹着一个我。

我们四个人凑在一起，那画面还是有点突兀。若以比较为人所知的方式比喻，则我是梅菲斯托费勒斯[1]，问题是爱德华称不上是浮士德；若将我改为浮士德的话，爱德华也没有资格成为梅菲斯托费勒斯。此外，在他眼里，我自然也不是个恶魔，反而是实现他爱情愿望的精灵。就这一点来说，他没有误会，的确没有人比我更细心呵护他的恋情。承诺为他支开姑姑以后，我可是尽心尽力执行任务了，于是姑姑陷入农业讨论的循环里，心思根本不在眼前这世界。我和她进厨房，进地窖，进阁楼看那些鸡鸭鹅，过程中考狄利娅渐渐不满，只不过她终究不明白我意欲为何。对她而言，我依旧神秘，但并非诱人破解的谜，只是一个惹人恼怒的麻烦。她直觉敏锐，意识到姑姑正被我耍着玩，这样一位值得敬重的女士是不该得此待遇的。然而我全力演出，考狄利娅也很清楚自己没办法介入，还在我玩过头的时候忍不住跟着窃笑起来。都是不得已啊！但我并没有与考狄利娅连成一气，

1 译按：Mephistopheles，浮士德传说中邪灵的名字。

恰恰相反，就算她偷笑了，我依旧表现得真诚、镇定。即便如此，她还是敛不起笑意。这是给她的第一堂课：教她如何笑得讽刺，就算这笑不只针对我，也针对她自己的姑姑。考狄利娅不知怎样看待我才好，有可能我只是少年老成，但也还有其他好多种可能。讥笑自己姑姑她还是会觉得惭愧，所以我与姑姑聊到一半会故意回头，朝她投去一道严肃的目光，而她看了却再度嘴角上扬。

我们之间不是互知互信与温柔，更不是看对眼了彼此吸引，而是误会造成的排斥与疏离。严格来说，我和她根本没有建立任何关系，只是知道对方存在。对年轻的女孩而言，通常这与不存在没两样。可是我采取的策略有极其方便的地方：一开始就风度翩翩、殷勤献媚的话，其实会在女孩心里埋下抗拒的种子。此刻我完全没有那种后顾之忧，她不会警戒，只记得我为人可靠，在我身边可以安心。当然缺点就是进度缓慢，所以只适合用在趣味够多的目标上。

年轻女孩多么令人振奋，不是早晨那种清新，不是微风那种惆怅，不是海的冰凉或酒的甘醇。那种香气，世间无物足以相提并论。

我期待着她厌恶我的那天。我已经建立起彻头彻尾的单身汉形象。我在言谈间充分表现出自己过得优哉游哉，只要有个忠心的仆人服侍，加上可靠的朋友能够相互扶持，就万事足矣。接下来我要试着转移姑姑的焦点，话题不停留在农业，聊聊那些光棍吧，言谈之中自然会有更多唇枪舌剑；面对单身汉，有些人耻笑，有些人同情，但一个不笨的年轻男子以单身为乐，多半会惹恼年轻小姐，因为这冒犯了她的性别，以及与性别相关的各种美好和诗意。

日子一天一天过去，我见到她，却没有与她交谈，只是一直在她面前和她姑姑说话。夜深人静时我也想过不如一股脑儿倾诉爱意，最后仍只是披着斗篷、压低帽子从她窗前走过。考狄利娅的卧室窗户对着院子，但她们住在街角，所以从街上就能看见。

偶尔她会伫立窗前，或者打开窗仰望星空。没有谁会注意到她，只有那个她意想不到的男人。夜幕低垂，我像个游魂在她住处外面徘徊，这时候我会忘记那些算计和繁复的步骤，将理智抛到九霄云外，胸膛里只有深深叹息，不知道这样单调刻板的过程还要反复多少回。一般人是白天正派，晚上堕落；我却是白天伪饰，晚上化身为纯粹的爱欲。如果她能看见，如果她能望进我的灵魂——如果，只是如果。

若考狄利娅愿意看清自己，会发现我才是适合她的对象。她的情感浓烈深刻，不可能在婚姻生活中得到幸福，平凡的男人也配不上她。只有投进我的怀里，她才能从海难的沉船中打捞起人生的乐趣。她与我的关系，必定如同哲学家所说的那样，“进入新的境界”。[1]

考狄利娅已经受不了爱德华的絮絮叨叨。一如往常，身怀趣味的人受到局限，反而展现出更多趣味。有时候她的心思飘向我与姑姑的对话，我注意到的时候，仿佛地平线上一道强光照亮新世界；她与姑姑也能感觉到差异，可是姑姑只见电光，未闻雷响，而考狄利娅听见了声音，却还没看见光。片刻之后回归宁静，姑姑和我正常闲谈，如同夜里驿马的蹄声伴随着茶壶的低吟。有时客厅里气氛变得诡异，对于考狄利娅尤其如是，因为她没有可以倾诉或倾听的对象。就算有爱德华在面前，她却得担心对方因为害羞而有什么古怪反应，但若加入我与姑姑之间原本单调、几乎沦为背景的对谈，则更凸显出爱德华的困窘。

在考狄利娅眼中，她一定觉得姑姑是不是着了魔，竟完全跟着我的步调走。此外，考狄利娅想要介入我们的闲聊也很困难，一直以来我按照策略，面对面时把她当成小孩对待，不过我绝对不因此在言语或肢体上有所逾越，这万万不可，因为我所做的一切不仅仅为了惹恼她，也是为了保存她女人天性的完整。正由于我与姑姑交情好，视考狄利娅为什么都

1 译按：原文 zu Grunde gehen 意为“沉没”“凋零”等，黑格尔使用这个词汇时，表示原本的存在褪去后进入了新的境界。

不懂的孩子也显得理所当然，现在这种关系不会损及她的女性本质，只是将之压抑；她确实不知道市集里的货物价格，但这与身为女性没有直接关系，而且她势必认为心思放在这种事情上的人其人生太过乏味。可是受到我强而有力的引导，姑姑滔滔不绝、活力十足，至少就这点来说她应当感激我。她对我唯一的怨言，大概是认为我没找个体面的工作，所以每次提及什么地方有空缺，我会刻意叫道："那不就是为我腾出来的吗?"然后郑重其事和姑姑讨论。考狄利娅在一旁看了觉得荒唐，而那正是我要的反应。

至于爱德华，他仍旧悲惨！不如改名叫作腓利兹也罢。每次我思考自己与他的关系，都会想起腓利兹与他的情人。[1] 一如故事里的角色，爱德华也是个民兵下士，性格诚恳却无趣。他的做法大错特错，比方说老是做正式装扮，身为陪衬的我反而穿着率性。可怜的爱德华！最令人同情的是他还感激涕零不知如何回报我，实在离谱。

你为何就不能乖乖安静呢？整个早上不断出没在我的屋檐、四楼的摇铃绳、窗边镜、窗框前，总之你就是希望证明自己的存在，要我注意到？是，天气很好，但我不想出门呀，

1 译按：来自尤金·斯克里布（Eugène Scribe）的喜剧作品《新娘》，丹麦学者约翰·卢兹维·海贝尔（Johan Ludvig Heiberg）译。

让我留在家里吧，调皮的西风。真的这么快活，你们就自己去快活呀。像以前一样逗弄年轻女孩们。我还不明白吗？你们最懂得如何悄悄抱住少女，她们无论如何也挣脱不了，逃不出你们手掌心。其实她们也没那打算，毕竟你们清凉怡人。那你们就去啊！别来烦我了。

可是这么一来你们又觉得无聊了，你们说这么做可不是为了你们自己。也罢，就让我随你们出去，不过有两个条件：第一，国王新广场那里住着一位年轻小姐，容貌秀丽但竟然高傲得不肯爱上我，更糟糕的是她心里头还有别人，时常一起上街，手挽着手。我知道男人在中午一点钟会过去接她，你们得答应我，派出最强的几位躲在附近，等那男人跨出大门、转进国王街的时候冲过去，以最有礼的方式摘下他的帽子，稳稳地送到前面一码那儿。别做得太过头，否则他可能会回家去。就让他不断以为下一秒钟能够到，于是忘情地松开小姐手臂。引领他们沿着墙壁一路走到北码头和高桥广场。这样得花多少时间？大约半小时吧，等到午后一点半，我从东大街过去，那支部队再上场，将恋人逼到广场中央，一阵猛烈突击，连小姐的帽子也拿下，抽她丝巾，扑她头发，把男人的帽子吹得兴高采烈地越飘越高。总而言之，上演一出闹剧，不光是我，要让所有路人看了爆出大笑，狗儿吠叫，塔上卫兵也忍不住敲钟起哄。记住，要把小姐的帽子吹到我这儿，看似幸运儿的我再将帽子交还给她。

第二个条件是，随我而来的小队要听我号令行事，手段必须合宜，不可污蔑美丽小姐，容她如孩子般享受这出好戏，过得快活自在，唇上留着微笑，眼里没有惊惧，心中没有一丝紧张。你们谁敢胡来，必将遭我诅咒。去吧，追逐活力和愉悦，青春和美丽，发掘出我看再多次也看不腻的风景——给我带来年轻美女，逗弄出最美的一面，使她们借由我的注视获得愉悦！我打算先去宽街，但得记住要在一点半之前。

一个年轻女子走过来，衣着、神情都太过紧绷僵硬。今天可是周日，帮她扇扇风让她凉快一下，以你们的纯净和舒适给她个拥抱！我看见脸颊上的红晕了，多么精致可爱！那对嘴唇有了些色泽，胸口也稍稍挺起。女孩啊，能够呼吸到清新的空气，岂不是难以言喻的喜乐？她的小衣领如同在摆动的叶子，她呼吸起来健康有力，步履轻盈得好像乘风而行，如云似梦。吹得重一些，长一些！她将衣服拉紧，手臂环在身前，像是担心一阵顽皮的轻风撩拨薄衫下的酥胸。女孩的面色越来越红润，眼神越来越清澈，步伐也越来越轻快。种种抵抗更加彰显她的美貌，凡是年轻女孩都该与西风来场恋爱，没有谁比起西风更懂得调戏女子。她身子往前倾了些，低头看着鞋尖，等等，你们吹得过分了，她若将身子拱起来，我可就看不到曼妙的曲线了。让她喘息！我说小姐，方才身子热起来，现在又凉了下去，是不是很清爽？不如张开双臂，任喜悦覆盖自身。她侧了下身子。快！来阵强风，我好将她姣好身形看个仔细。再强一些，衣服才会更贴身。吹呀，给她展示自己的机会！好了、好了，到此为止，人家头发都散了。自制些！别全军冲锋：

> 一方陷入爱，
> 另一方极想陷入爱。
> Die eine ist verliebt gar sehr;
> Die andre wäre es gerne.[1]

与未来的小叔走在一块儿实非乐事，她这样子跟个后备职员差不多。话说回来，后备职员还有晋升机会，而且好歹总是个职务，特殊场合时可以露面，但做人家的嫂子或弟妹并没有这种待遇。幸好，女人还是得到了补偿，比方说，她们升迁快得多，一下子就能换个工作地点……吹得用力些！她越想抓牢就越是抵抗……

中间的人全力向前，旁边的人不一定能跟上……他脚

1 译按：引自德国诗人艾辛多夫（Joseph Freiherr von Eichendorff）的作品。

步稳健，不受强风撼动；那副身躯够沉重，但也就因为这份沉重，男人没办法乘风飘扬。他越不愿意被风吹动，身边的女孩就越辛苦。美丽的小姐，容我给个建议：丢下你以为要嫁的男人和小叔，自己一个人走走，你就会觉得愉快许多。风吹得柔和些！看他们给强风打成什么德性了，简直在街上大剌剌地跳起舞来。什么舞曲这么活泼？但风势不减，益发激烈，于是他们如满帆的船队笔直前进，华尔兹也无法引诱女孩露出如此撩人的姿态。风不停歇，朝着丈夫和小叔扑过去。我不早就说了吗？越抗拒越有趣。你们为了所爱的人奋力抵抗，看来最后会成功；人类的爱情受到上天庇佑，风是来帮助男人的——我不是安排好了吗？只要背着风，轻而易举便能回到所爱的人身边，若是迎着风，则会越挫越勇。等你回到爱人身旁，已经给风吹出更多活力，更多娇媚，那双樱唇凉了以后口感更甜美，一如冰镇的香槟更添火辣滋味。看他们嬉闹得多开心，不过话语声被风给卷走了，又或者他们根本没讲话？他们又笑了，然后抓着帽子，盯着鞋子，继续迎风前行。别吹了，免得女孩不耐烦生气了，甚至害怕我们！

非常好，坚定有力，先右脚，再左脚——她观看世界的态度勇敢又倨傲。如果我没看错，她竟挽着那男人的手臂，这代表双方已有婚约。让我看看你的圣诞树上有什么礼物吧，孩子。嗯，不错，是个成熟稳重的好伴侣。所以她已经进入第一个阶段，订婚了，而且爱着那个男人，可是心里的激情太丰富，忍不住在男人周围纷飞起来。还好披着爱的斗篷，就能得到遮掩[1]。用力吹！既然你走这么快，帽子上的缎带自然会飘扬，看上去宛若曼妙身影乘着小小翅膀即将离地翱翔；翱翔的还有那些激情，它们化作精灵随你翩翩起舞。的确，如此看待爱情，内心一定盈满充实；然而一旦将精灵剪成贴身衣物，将爱情制成衣裳，下场是再也潇洒不起来。

上天垂怜！假使你有勇气为自己的人生踏出全新一步，不就应该挺身闯入狂风？这么做，谁会怀疑？至少我是这么想的。可是女孩，别激动，别生气，时光虽然严苛却也留下谆谆教诲，这风也不是那样顽劣。多逗逗她吧！手帕怎么了？噢，给你找到了。你帽子有条缎带散开了，看在有心人眼里岂不相当尴尬。前面来了一个女性朋友，她第一次见到你以未婚妻的身份露脸，其实今天你刻意在宽街亮相，又要去长堤，目的就是公开喜讯。据我所知，有个习俗是新婚夫妻在婚后第一个周日上教堂，至于刚订婚的人则是去长堤散步。也对，婚约、长堤，两者有异曲同工之妙。小心，帽子要给

---

1 译按：参见《新约·彼得前书》4：8。

风吹跑了。抓紧一点，低下头来。真是的，居然没有与那位女性朋友打照面，你大可趾高气扬啊，订了婚的女子遇上没订婚的朋友，不是吗？风可以吹得轻一点了，今天是个好日子。

看她多么依赖爱人，明明自己走到前面，却又回眸一笑。她的财富、希望与未来都寄托在这男人身上。唉，小姐，你未免太高估他了，他之所以看起来沉稳有力、值得依靠，不正是托了我，也托了这阵风的帮忙吗？你自己也一样，若不是我带来这阵风，怎能抛开过去的苦楚，神采奕奕地对往后的日子充满期待？

书呆子我可不要，
只会读书读通宵；
还是找个官爷好，
帽子上头有羽毛。[1]

任谁都能立刻从你脸上瞧见这一点哪，我的好姑娘。一个书呆子绝对配不上你。但话说回来，找个做官的真有比较好吗？一个已经完成研究从大学毕业的男人不也很好

1 译按：挪威乡村歌谣。

吗？可惜目前我没办法找到做官的或者大学毕业生介绍给你，有的仅只清凉微风。该吹起来喽。很好，你披上丝巾，走慢一些吧，直到脸色不那么红，眼神不那么炽热。就是这样。稍稍活动筋骨是好事，尤其在如此风和日丽的一天，只要保持耐心，一定会遇上好官人。

另一边走来已经互许终身的两人。他们步伐协调、互相扶持的默契羡煞旁人，仿佛只要相伴就万事足矣。但他们的姿态并不轻松写意，反倒散发出决不妥协的希望和勇敢，这才造就了彼此的敬重。我猜想，他们必定将人生看作一条道路，决定好揽着对方的胳膊同甘共苦，而且为了这个目标，那位女士竟也愿意屈就，不坚持走在舒服的石板路上。话说回来，西风啊，何苦纠缠他们？不值得费心，那有什么好看的？已经一点半了，该到高桥广场去。

应当不会有人相信，但我确实将一个人的精神成长预估得分毫不差，这也显示出考狄利娅的内在多么完整，真是个出色的女孩。她文静谦和，毫不做作，但又下意识地散发出一股强烈的欲求。今天我目送她进家门时感受到了：只不过是一阵风，她也不过是要抗拒风的挑逗，却已媚态尽出，而且心里没有一丝冲突矛盾。她不是无足轻重、任人玩弄于掌上的小丫头，也并非脆弱得无论谁的视线射过去就会碎裂。

她不是中看不中用的花朵。而我就好比医生，对于病历上记载的各种症状感到兴味盎然。

攻势进入下一个阶段，从缓缓接近转为更直接的行动。如果以军事地图的概念来描述，就是我将椅子挪了个角度，稍稍面向她，于是彼此有了更多互动。我开始与她搭话，挑起她的反应。考狄利娅的灵魂充满激情，而且不像常人活在蒙昧虚荣之中,也因此有极其独特的需求。我嘲弄人性愚蠢，讪笑旁人怯懦与懒散，这些言语虏获了她。她开始想要驾着太阳马车，穿越天际后向地面靠近，即使焚毁凡尘也在所不惜。然而她目前还不信任我，我也避免与她过度接触，即便精神层面的交流也要限制。她必须变得更坚强，才适合进入我的怀抱。

乍看之下，我好像只想将她当作红粉知己，不过这是暂时的。考狄利娅的内在必须成长,她得要感受到灵魂的韧性,然后亲手举起全世界。只要察言观色，我很轻易就可以评估她的进度。目前为止，我只有一次看见太过危险的怒意。我们必须两不相欠，因为她必须是自由的。爱只存在于自由之中，也只有自由能孕育出恒久的乐趣。纵使我已经安排好每一步，她迟早要倒入我怀中，一切还是得自然而然地发生，我可不希望她仅仅是肉体瘫软压过来，重点在于心智上的互相吸引。尽管最后都属于我，若只是一个重担倚在我身上，那还有什么美感可言？考狄利娅不能局限于肉体的臣服、道德的屈从，在我们之间，自由的价值高过一切。她得够轻盈，我才能伸手揽着她一同前行。

考狄利娅占据我太多了，于是我又失去了内在的平衡——面对她时倒还好，自己一个人时就特别难熬。我渴望她，但并非要与她说话，只是希望她的形影能从心头掠过，所以知道她什么时间要出门，我便会偷偷摸摸跟过去，只为看上一眼。某天晚上，我们一起离开巴克斯特家，由爱德华送她回去。我急急忙忙告辞，走到仆人等候的地方，转眼换了一套衣服，又与她相逢，虽然她毫不知情，旁边的爱德华也如往常迟钝。这的的确确是恋爱，不过并非常人理解的恋爱；我必须十分小心，走错一步后果便不堪设想，一生不会有第二次机会。

幸亏爱神是盲目的，只要够聪明，骗过他也不是不可能。诀窍在于印象，要了解自己给人的印象，也要了解自己对每个人的印象，只要掌握这一点，男人可以同时与许多女孩恋爱，因为每一段关系都是独特的。只爱一个女孩未免狭隘，每个女孩都爱又势必肤浅。理解自己，尽力去爱，由爱所生的力量蕴含在灵魂中，每一段爱都能得到独有的养分和滋润，而意识广阔地拥抱她们全部——这就是享乐，是生命。

七月三日

爱德华真的不能怪我，毕竟我的确希望考狄利娅和他谈谈恋爱，只不过结局是要她对平淡无味的爱情大失所望，境界才会得到提升。为了达到这个目标，爱德华当然不能是个糟糕的男人，还好以世俗标准来说他条件相当不错。可惜考狄利娅根本不在意，十七岁的女孩大半不在乎那些条件。但爱德华还有别的优点，我正尽力营造机会给他表现，于是我变得好像贴身女仆或造型师，不断就地取材，甚至偶尔动用人脉借一些高档货放在他身上。后来一起出门，走在他身旁的我不由得感到别扭，觉得彼此关系简直是兄弟或父子，但我俩明明是朋友，是同辈，严格来说还是情敌呢。可惜他这辈子没有威胁到我的可能，我扶他爬得越高，他必定摔得越重，之后考狄利娅也就会更深刻地意识到自己内心渴望的究竟是什么。所以我不断伸出援手，口出美言，我将朋友这个角色发挥得淋漓尽致。为了更加彰显我的冷酷，我几乎不择手段，把爱德华说成是抱负远大的人，而他帮不了自己，只能靠我来推一把。

考狄利娅面对我，心里夹杂着厌恶和惧怕。年轻女孩惧怕什么呢？聪明人。为什么？因为聪明才智可以否定她的女性地位。男子的俊美或性格魅力也是优秀的个人特质，足够在关系中获得胜利，但那种胜利永远不够全面。为什么？因为和女孩之间的战争，其战场无法脱离她们的势力范围，所以她们永远占了优势。靠那些天赋，要使女孩脸红、低头都不难，却制造不出无法言喻且如影随形的心痒难耐。而心痒难耐使女孩的媚态更有趣味。

> 尤利西斯没有外表，只有口才，
> 却使得海中的两位女神坠入情网。
> Non formosus erat, sed erat facundus Ulixes,
> Et tamen aequoreas torsit amore Deas.[1]

人要有自知之明，不过我很讶异许多人空有一身本领，做起事情来却笨得可以。既是男人，看见少女心有所属，或者更精确地说，看见少女为情感所困，就应该要能推敲出她受到什么伎俩哄骗。有经验的杀手知道如何出刀，有经验的警探查看伤口就能推测出凶器。可是在诱惑这门艺术上，有没有如心理学家那般进行系统分析的人呢？在多数人眼中，诱惑一个年轻女孩，就只是诱惑一个年轻女孩，没什么值得深入探讨的，但其实里面的奥妙太多太多了。

---

1 译按：出自奥维德《爱的艺术》。

作为女人，她讨厌我；作为出色的女人，她惧怕我。可是在精神层面上,她爱我。我开始在考狄利娅心里植入冲突。我的傲世轻物，我的玩世不恭，我的冷嘲热讽，这一切诱惑着她。她并没有坠入情网，至少面对我的时候完全没显露出迹象。她想要的是和我一分高下，她无法忍受有人在她面前如此高傲又独立，仿佛沙漠中的阿拉伯人一样自在。而我的笑语,我的古怪,成功淡化了彼此之间可能存在的情欲氛围;面对着我，考狄利娅感到自在，若有什么顾忌也是理性方面的，而非女人那一面。在考狄利娅眼中，我们根本不会是男女关系，只是两个聪明人的交流，所以她揽着我的手，握着我的手,与我说话的时候,我们就好像上古时代的希腊哲人。等她被冷嘲热讽愚弄得够久了，我便依古诗歌的指示：骑士张开大红色斗篷请美女上座。我张开自己的斗篷，但不是为了和考狄利娅并肩坐在草地上，而是要卷走她，让她随我的思绪一同消失在风中。又或者，其实我并没有要带上她，是我自己乘着思想，朝女孩挥挥手，抛个飞吻，然后消失无踪，只留下风中的低语。我与耶和华不一样，不会随着声音变得越来越清晰；我会越来越模糊，因为说得越多，我便飞得越高。女孩也想要乘着思想追上来，然而那一瞬间转眼即逝，我会变得冷若冰霜、言语无味。

女性的娇羞有很多种类，比方说像砖头一样浓烈的脸红，那是小说家的最爱，女主角们一而再、再而三都是这种神态。但还有一种比较精致的羞涩，像是旭日东升时的云霞。这种神情出现在年轻女孩脸上时，真是无价之宝。至于心头一甜，于是昙花一现的双颊红晕，即便在男人脸上也好看，在年轻人身上宝贵，若在女孩脸上则是太美好了，明亮如同夏日的闪电。之所以在年轻女孩身上最美，是因为那份羞涩中有含苞待放的纯净，那种原初的美才叫人惊艳。随着年纪增长，那样的脸红也越来越难看见。

有时候我会为考狄利娅朗读一些东西，多半不是很重要的内容。一如既往，爱德华在不知情的状况下成为我的工具：我说借书给女孩子可以大大提升好感，所以他就对这件事情十分积极。但他不知道自己其实是在为人作嫁，我在幕后操纵着书籍的选择，在这个过程中有许多观察的好机会。无论我拿出什么书，爱德华都毫无异议，因为他对文学一窍不通，所以我可以尽情尝试。晚上过去拜访考狄利娅时，我假装偶然看见那些书，装作要和爱德华闲聊，以适中的音量念了一小段。昨天我透过这种方式，测试了一下考狄利娅的灵魂是否真如我推测的那样有韧性。本来我有些挣扎，不知道该不该要爱德华交给她席勒（Schiller）的诗集，里头有《特克拉之歌》（*Thekla's song*）；另一个选择是我最后属意的布尔格（Bürger）的诗集，因为其中的《丽诺尔》（*Lenore*）这首作品除了优美，还有高远的意境。我翻开那一页，以充满感情的音调朗诵，考狄利娅大受感动，缝纫的节奏越来越快，仿佛诗中的威廉（Vilhelm）要来迎娶的是她本人。我念完以后，姑姑对威廉的生死漠不关心，因为她不大懂德文，不过当我将书本递过去，她看见书皮装订精细，便和我聊起手工技艺的事情。我这些举动的用意在于撩拨考狄利娅心中的澎湃情感，但又瞬间浇熄它。看得出来她有所动摇，且不自在远远多过心神荡漾。

今天我头一回将目光打在她身上。有人说睡意浓重的时候，眼睑会不由自主地阖上，不知我的视线是否具有同样的效果。考狄利娅闭起眼睛，但她心情的浮躁表现得很明显。即使她没察觉我的凝视，但她全身都感受得到。尽管眼睑下黑如夜幕，她内心仍旧犹如白昼。

该是爱德华退场的时候了。他的耐性已达极限，随时可能忍不住情绪，一股脑儿倾诉爱意。身为他的亲信，在一旁不断鼓励并借其影响考狄利娅的我，自然看得出这状况。只是放任他表白的话风险太大，虽然我很肯定他得到的答案必然是“不”，但这个拒绝未必就是故事结尾，以爱德华的性格必然大受打击、失魂落魄，考狄利娅若因此心软，生出不必要的情绪，可就不好了。即使我无须担心最糟的状况，也就是她回心转意接受他，还是得顾及这种单纯的怜悯是否会折损考狄利娅那份冷傲。若演变成那种局面，我拿爱德华当棋子反而就彻底失策了。

我与考狄利娅的关系必须加温，来些什么都好。我不甘继续旁观，任时间点滴流逝，再不制造一些震撼可就太迟了。为此我必须保持敏锐，很多手法对一般人有用，对考狄利娅却未必见效。最好的材料来自她司空见惯的生活，一点一点地生出惊奇，直到足以震惊她。这是趣味的法则，贯穿我对她的每一步计划。能够掌握“惊奇”这步关键，无论手段稀奇古怪还是平凡无奇，只要能让感受到惊奇的一方暂时失去思考能力，无法采取任何行动，胜利自然水到渠成。我记得自己曾经冒过险：对象是位上流世家的千金，起初我在她身边转呀转，找不出什么有趣的方式来展开互动。一天中午，我和她在街上巧遇，而我非常有把握她根本不认识我，也不知道与我住在同一座城市。她独自走着，我刻意上前，错身时四目相交并且我让路了。她在石板路上停下脚步，我忽地露出郁闷的神情，回想起来说不定还噙着泪。之后，我摘下帽子，小姐见了更不好意思离开，接着我抖着嗓子，一派失神模样，说：“优雅的女士，请不要动怒，只因为您和我全心全意深爱但又遥不可及的那人实在太过神似，于是我才这么失礼，请您见谅。”她觉得我深情浪漫，而年轻女子最喜欢这种氛围，特别是自觉处在优势时，否则她不会嘴角上扬。那个微笑极其衬托了她的容貌,以及出身名门的贵气。稍微回应我以后她便离开了，而我跟了几步才告退。几天以后，我们又见面了，她见到我忍不住微笑——耐性很重要，最后笑的人才是赢家。

引起考狄利娅讶异的手段很多，我有能耐掀起的情欲风暴足够将大树连根拔起，不如就试试可否刮得她双脚离地、心思无所依附，并趁着她的情绪浮动展开私下幽会，想必更增强她内心那股激情。这绝非不可能，只要懂得方法，如她一般情感强烈的女孩什么事情都愿意。然而那是美学上的错误，为了爱情而盲目不值得我陶醉。除非没有其他方式能汲取女孩的诗意韵味，否则我不愿意采取非常手段。一旦那么做，就等同于远离了真正的乐趣。此外，过多的情感波涛毫无益处，发生在考狄利娅身上尤其不恰当，本该细细品味的女性之美将会快速耗竭，失去丰富的层次，那更是不值得。我不想过早将考狄利娅的情感带到顶点，虽说猛烈的节奏能使她大感惊奇，但恐怕不消多时她会承受不起，因为那太过接近她内心深处真正的渴求。

对我而言，最简单的办法是一次平淡乏味的求婚。即使我怀着满腔情意，用甜言蜜语表示想娶她，她也会觉得我口蜜腹剑，不知道打什么鬼主意。而假若我直接开口，丝毫不加修饰，听在她耳中会更加难以置信。

但订婚这种事情，麻烦在于伦理层面。无论学术上或现实中，伦理始终是最枯燥乏味的部分。真是天壤之别啊！美学的天空下，万事万物美妙活跃，稍纵即逝；一旦加入伦理问题，什么都变得有棱有角、粗糙生硬，无趣到极点。认真分析起来，订婚与结婚还是有所区别，订婚尚未构成伦理现实，效力仅仅来自普世价值。这个模糊地带对我很有帮助，正因为订婚背后潜藏着这层伦理意义，考狄利娅最终会认为自己跨越了世人认知的界线。但事实上,那层意义非常单薄，我根本无须担心会造成多大风波。

我其实十分尊重伦理道德，所以从不轻言婚约，连随口说说也不肯。也许上面那段话在别人看来像是我已经采取行动，实际上我只是模拟一下可能的情境。我或许会有进一步安排，让考狄利娅在踏上最后一步之前主动悔婚。我的骑士性格让我不屑随随便便给予承诺；就好像我看不起一些法官竟以自由为饵诱骗犯人招供，那么做根本是贬低自身的权位和才智。若采取严格的定义，我所追求的每一样事物都应当出于自由意志，违反这个原则的手段，还是留给那些俗人吧。他们究竟从中得到了什么呢？假如一个男人无法全方位包围一个女孩，决定她所见，成为她的唯一，又不能化作她心中的诗意，使她的一言一行都源于他，合于他的心意，那么他永远是鄙俗愚昧的，我可不想沦落到那种境地。

我懂审美，我懂情欲，我彻底掌握爱的本质和关键；我相信爱，我明了爱的所有秘密。虽然没对人提起过，但我个人的见解是，一段关系不应超过半年，享受过巅峰以后就要立刻结束。我通晓的道理还有一项：至极的享受是被爱，是成为对方世界中最重要的那个人。使自己升华为女孩心里的诗意，是一门高深的艺术；带着诗意从她的世界离开，则是经典之作。当然，没有前者，不会有后者。

还有一个方法，就是维持原本步调，让考狄利娅与爱德华订婚，于是我成为这对新人最要好的朋友。爱德华将会毫无保留地信任我，将我视为大恩人。就伪装的角度而言，这策略更棒，只可惜有个致命缺陷：一旦与爱德华订婚，考狄利娅的女性之美必然在某个层面有所折损，与我的关系也会改变，多了一丝挑逗，却失去一丝乐趣。婚约会带来冗长而索然的时期，而这一点正是激发出更多乐趣的好机会。

瓦尔家中蛰伏着一股骚动，任谁都能感觉到。日常生活中掩藏着秘密，但这秘密即将破土而出——订婚筹备悄悄展开了。若是从旁观察，说不定有人会以为是姑姑和我要订婚呢，我们两个可以为下一代进行良好的农艺教育！但这么一来，我岂不成了考狄利娅的姑丈？幸好我支持思想自由，不管多么荒谬的念头都可以忍受。其实考狄利娅很担心爱德华真的开口，而爱德华却希望自己开口以后就大势底定；换个角度想，也许他的期盼会实现，但我不希望看他愁云惨雾的，只好施点手段，若能尽快劝退就好了。这下子爱德华真的妨碍到我了，今天感受特别深。他那模样似是醉了，又或者还没醒来，好像一个不小心就会从梦游中跳起来大声对考狄利娅示爱，于是我的视线化成利刃连番射去。大象能靠长鼻子卷走东西，我也想要靠视线缠住他，将他抛得远远的。虽然他一直留在座位上，想必浑身不自在。

考狄利娅不像以前一样，面对我可以充满自信、落落大方，现在她时常踌躇，欲言又止。这没什么，要恢复到之前的关系也很简单，不过我没打算刻意处理。把这当作求婚前的又一次观察也很好，反正无伤大雅。一旦我采取行动，考狄利娅讶异之余，除了说“好”，没有别的答案；而姑姑则会激动地大叫“阿门”，有一个精于农艺的女婿她怎能不开心。女婿！我们的关系需要贴近到这个地步吗？事实上我不会是女婿，顶多是侄女婿，而且上帝明鉴，正确来说我两者皆不是。

七月二十三日

故意散布的谣言，今天得到了收获：大家真以为我和某个女子谈恋爱了。这消息透过爱德华也传进考狄利娅耳中，她非常好奇，一直偷瞟我，但又不敢开口问。她势必想要将这件事情调查得水落石出，这件事一来太难以置信，二来对她自身处境也是重要参考：倘若看来冷冰冰如我都会与人相恋，那她又为何要觉得不妥。于是我好好把握机会，不着边际地描述了这件事情，想必没有人真能听出个中玄机。我的嗜好就是叫听众悬着一颗心，以许许多多细碎片段引导他们想象。听我说故事的人总以为自己知道来龙去脉，但他们都上当了。我的说话艺术就是暧昧含混，等听者事后回想，会忽然察觉原来有另一种截然不同的诠释。想要观察别人，最好的方式是自己一直讲话，因为在有来有往的交谈里，对方很容易找到空隙闪烁其词，还能利用问答来隐藏自己真正的想法。

所以我一本正经地对姑姑说："到底该把这当成朋友的好心，还是仇家的恶意？每个人不都有很多朋友，也都有仇家吗？"姑姑搭腔了，我顺水推舟与她闲聊，考狄利娅只能在一旁干着急，毕竟是姑姑和我讲话，而且我看起来很正经。我继续说："还是我该将这状况看成缘分，一种自然而然？

（考狄利娅显然被搞糊涂了，而我又故意加强语气，仿佛里头有什么大道理。）没想到，我明明不常与外人打交道，竟也有成为绯闻主角的一天，还说我已经订了婚呢。”她还是急着想听听我怎么解释，我说：“如果说是朋友的好心，只能怪罪偏见了。一般人都以为能谈恋爱是种幸福吧。（她露出讶异眼神。）假如是仇家说的，可能他们觉得这种好运落到我头上太荒唐无稽。（她镇定了一些。）当然也可能只是个意外，因为这传言完全没根据，流言蜚语总是来自空洞脑袋里的空洞思想。”女人总是好奇的，姑姑立刻想打探是哪家小姐和我被摆在一块儿，我委婉地回避了追问。故事说完了，考狄利娅的心一定起了不少变化，我几乎看得见爱德华又被放回名单里。

关键时刻即将来临。我可以写信给姑姑表示想要娶考狄利娅为妻，换作一般人就会这么做，因为文字沟通似乎比起面对面开口容易些。虽说按照习俗进行实在庸俗，但也就因为庸俗，所以我更确定要这样做；尽管这么做会失去出其不意的优势，但对我来说损伤并不大。要是我有好朋友，这时候可能会对我说：“你是不是认真思考过了呢，此举攸关你自己和另一个人下半辈子的幸福美满。”有朋友提醒是好事，但还好我没有朋友；没朋友究竟是好是坏，我到现在还没拿定主意，可是没朋友就不必听人啰唆，这我怎么看都觉得是优点，毕竟我早将计划想透彻了。

就目前状况来看，求婚没有任何阻碍。按照计划行动，谁能料想到？很快地，我会摆脱路人身份，摇身一变成为主角，甚至可以说，届时我不再是单纯的“人”，而是一种“门当户对”——没错，姑姑一定会这样子形容。我对姑姑深感歉意，她是真的欣赏我，真的喜欢和人讨论农艺，将我和她的理想类型重叠在一起了。

虽然我有过许多次示爱的经验，但这回完全派不上用场，我必须以更加别出心裁的方式来进行。主要关键是我自己万万不能忘记：整个过程不过是一出戏。我排演了许多次，想找出最妥善的办法。场面若是弥漫着情欲气氛，考狄利娅或许会起疑心，猜测到往后怎么发展，所以那部分还是慢慢来比较好；但太过诚挚也一样麻烦，对年轻女孩而言，过分严肃可能会让她死心塌地栽进去，简直如同将死之人急着完成最后的心愿。若将示爱表现得过分张扬，成了通俗戏剧一样的场景，与我至今为止的形象又太不吻合，也与我接下来想披上的伪装有差距。走牙尖嘴利的路数同样不好，虽然在这节骨眼上我与一般人有同样的目的，就是要从她那儿得到简单的一个“好”，但我的理念没这么简单；她的应允很重要，却不是最重要的。即使我确实非要得到她不可，时时念着她，在她身上花了那么多心血，也不是只要她点头就万事足矣，还是有些条件得考虑。毕竟，我追求的并非世俗定义的占有，而是从审美的角度出发。也因此，下一阶段的开场必须尽可能充满艺术的巧思与蒙眬，蕴藏无限可能性。

如果考狄利娅将我视为爱情骗子，那么是她有所误解，我不是世人口中那种纨绔子弟；但若她从我身上看见忠贞不渝的感情，同样也是个误会。最要紧的还是别让她沉沦在僵化的成见中，这种时刻女人的预感强烈到可以媲美将死之人，所以我得提高警觉。我心爱的考狄利娅！我之所以骗你，是为了极致的美感，所以我也无可奈何，但我会好好补偿的。现在我的行事要尽量低调，则她应允之后也猜不出所以然，无尽的可能性是乐趣所在。要是走错一步，给她看穿了，我们这段关系的价值就会有所减损。不要假设她会因为爱我而答应，看起来她没有这种感觉。还是将订婚从行为变成事件，从她的选择变成她的际遇才妥当。如此一来，连考狄利娅自己也不由得感叹：“命运的曲折，只有上帝才能看清楚。”

七月三十一日

今天我为别人代笔一封情书。我很喜欢这工作。首先，让自己进入那个情境却保持全然自在，是莫大的享受。我抽着烟斗，听对方描述两人的关系，还拿到另一方捎来的书信。研究少女的书写对我而言极其重要！男人坐在我对面，脑子里只有自己的恋情，大声朗诵情书内容，偶尔被我简短的评论打断：女孩的文笔很好，充满情感但不逾越分际，看起来以前应该谈过恋爱了，诸如此类。另一方面，我认为自己在做善事，帮助一对年轻爱侣相知相惜，也可以说是还债吧！每帮助一对男女，我就给自己找一个目标；我一次为两个人争取到幸福，但充其量只造成一个人的郁闷。此外，我老实可靠，别人吐露的心事绝不会走漏，就算事后拿出来损一下朋友也不为过才对。为什么我喜欢听人家说这些私事呢？因为我懂拉丁文，因为我在学术研究上很用心，因为我会把听见的故事埋在心底。这样的我，不是很值得信赖吗？我从未滥用这个特权啊。

八月二日

机会终于到来。我在街上看见姑姑，想必她不在家，因为她总不可能同一时间身处两地。这时间爱德华得去海关工作，所以考狄利娅应当一个人在家。

还好一切正如我所料。考狄利娅专心做着手工。我很少这么早拜访，因此见我露面，她有些慌张，气氛稍稍显得太过沉重。这也不能怪她，而且她很快镇定下来。是我的错，尽管事前做好心理建设，但我没料到今天她看上去如此美丽，虽只是一件蓝条纹的朴素居家服，以及在胸前插了一朵玫瑰花，但花朵怎能鲜艳至此。不，眼前的少女本身就是盛开的花朵，娇嫩得令人不忍碰触！这样的女孩入夜后究竟在哪儿出没呢？我想是梦境吧。待天亮她才重返人间，因此保留了青春的美好。她的外表年轻动人，内在却又成熟庄重，仿佛大自然这位温柔丰盛的母亲终于愿意松手，将女儿展现在世人面前。而我是在一旁观礼的人，目睹母亲如何不舍，抱着女儿说："去吧，孩子，看看这个世界，我已经为你做好所有准备。记得将吻留在唇上，它是一道封印，锁着你里头的圣域。只有你答应的人才可以解开封印。等你遇见他，一定会明白的。"大自然在女孩的双唇留下一个吻，不同于凡人的吻总是造成缺损，来自母亲的吻藏着神性，圆满一切，并赋予女孩同样的圣洁。大自然是多么不可思议！赐予男人的是口才，赐予女人的却是吻！女孩带着唇上的吻、额上的告别，以及眼里的邂逅出发，看起来既如同在家里那样自在，也像是旅人一般兴奋，她要闯一闯这个世界，但她心里知道母亲时时刻刻看顾自己。真美，稚嫩宛若孩童，却环绕着一股高贵纯洁，令人肃然起敬。

不过很快，我就恢复了冷淡的伪装，否则将无法完成接下来的任务：将一件极其有意义的事情做得仿佛全然没有意义。彼此说了几句话以后，我略微靠近，然后直接提出请求。我用像念课本那样的语调，平常谁都听不下去，但有时候这种口吻十分方便，因为就和书本一样，言语内容也会变得任人解释。我完全按照一般的模式进行，目的是要她吃惊，这一点我自认圆满达成。很难判断她有什么想法，她脸上的表情错综复杂，简直和我尚未出版、但已经公开的书稿一样，观者可以随自己意思随便诠释，几乎怎么说都说得通。接下来，根据我说出的话，她会有不同反应，可以让她笑我，可以让她大受感动，也可以让她避之唯恐不及——可是我什么也没多说，只是维持同样严肃又呆板的假象。“这位女孩和我认识并不算久……”我的天，只有订婚时才得忍耐这种无聊的仪式，真正绚烂迷人的爱根本与此无关。

神奇的是，事前我模拟过无数次，怎么想象都觉得考狄利娅在讶异下会脱口答应。也幸好我有周全准备，因为现实不是这样发展的，她回答的既非“好”，也不是“不好”，而是请我问姑姑。多亏我早在这方面下足功夫，如此转折对我的计划反而更为有利。

姑姑立刻首肯，这结果我毫不意外，考狄利娅也自然必须采纳她的意见。这场求婚谈不上任何诗意，无论任何层面都俗烂廉价。女孩不知道自己该点头还是摇头，由姑姑出面接受，女孩就跟着答应。于是乎，女孩属于我，我也属于女孩。而好戏现在才正式揭幕。

八月三日

我订婚了，她也订婚了。对考狄利娅来说，事情就这么简单。要是她有闺中密友，可以敞开心房说体己话，我猜她会这样形容：“我实在不明白这究竟怎么回事，他这人是有些地方吸引我，但我也说不出到底是什么。某种古怪的魅力吧。而且呢，要说爱上他嘛，我现在倒不觉得，说不定一辈子都不可能。只不过呢，又觉得与他一起生活不难过，也许还挺美满的。看起来他像是要求不多，只要对方陪在身边就可以的那种人。”

可爱的考狄利娅！或许这个男人比你以为的要复杂很多，还不如你想象的那样有耐心。世上荒唐事不少，但婚约仍旧是其中佼佼者。婚姻本身还有功能，只是不适合我罢了。婚约呢，是人类自以为是的发明，但发明它的人也不敢出来邀功，因为它与爱情之间有何关系呢？好比门房的背带与大学教授的袍子，两者沾不上多大的边。总之，我也进入上流阶级了，正如特罗普所言：先成为艺术家，才有资格评论其他艺术家。订了婚的男人，不就像是一个鹿园艺人吗？[1]

爱德华则恼羞成怒，忘记了刮胡子，也不像平常那样穿

---

1 译按：出自海贝尔的《评论家与鹿》（*Recensenten og Dyret*）。

上黑西装才现身，单从仪容就知道他受的打击有多大。他想要见考狄利娅，告诉她这段时间我多么虚伪。想起来可真是惊心动魄的画面：衣衫不整、狼狈难堪的爱德华在女孩面前大呼小叫。至少得刮个胡子吧。我试着要他冷静，但他办不到。之后我只好解释，这是姑姑的意思，考狄利娅也许心里比较喜欢他，倘若他能得到女孩芳心，我一定退让。爱德华动摇了，犹豫着自己是不是应该换个胡型，买套新衣，不过片刻以后，他又朝我破口大骂。我无动于衷，心里明白得很：爱德华如果不向我讨教，凭他自己根本手足无措，何况他自己最清楚前些日子受我多大的帮助和鼓励。而我又有什么理由毁掉他最后一丝希望，逼他步入绝境？爱德华本性善良，以后的事情没人能预料。

目前我该做的事情就是全力布局，确保悔婚之时能够与考狄利娅保有更加美好、更加深刻的关系。同时我也要尽己所能，享受大自然慷慨赋予她的可爱和美丽，汲取乐趣却恪守分际，小心谨慎，不能跨过界线。等我指引她穿越边境，明了何谓爱，何谓爱我，婚约自然而然就像是坏了的模子不足取了，但她仍旧属于我。一般人到达这个阶段就急于跨入婚姻，而等着他们的不只是永恒，还有婚姻的种种无趣。那不关我的事。

一切维持原样，不过我想别的男人订了婚也没我这般开心，守财奴捡到金子也无法比我更快乐。想到考狄利娅已经到手，我乐得仿佛醉醺醺。她无瑕的女人天性好像海水，连深度也不遑多让，而且纯净至极，没受过情爱污染。很快，她会体验到爱有多么疯狂激烈，好比公主继承高高在上的宝座，考狄利娅也将能在这王国登上属于她的巅峰。一切将经由我的手达成。了解了爱，她还要学会如何爱我。熟习基本规则之后，她还要摸索方向，而我会在前方等候。对她而言，爱是世上唯一的意义，而爱我则是意义的展现，当她意识到自己是透过我来学习爱，对我的爱就会再加深一倍。想象届时至高无上的喜悦，我兴奋得几乎要晕过去。

考狄利娅的灵魂并没有因为含混不明的情爱而折损。许多女孩受到玷污，没办法学会如何更坚决、更炽烈，也更全面地去爱。在那些女孩心里存有一个模糊影像，那是对爱的理想。她们以那个影像为参照，测试现实所见的人和事物，但她们永远感受不到完整，只好在红尘俗世载浮载沉。考狄利娅就不同了，她心中真正的爱已经苏醒，我也不断学习，聆听那份爱发出的各种声音，观察它逐渐清晰的轮廓，并将自己塑造得与它肖似。此刻我身不由己，卷入考狄利娅心里编织的爱情故事，但仍要尽可能维持好伪装。女孩的爱，就只有这么一次。

我用合于世俗眼光的方式占有考狄利娅，还得到姑姑的同意、亲友的祝福，于是战乱结束，接下来是和平的日子……真蠢！难道以为姑姑或旁人的看好或恭贺，就代表我能更深刻地得到她吗？俗人竟以为爱会区隔混乱与宁静，事实上爱本身就是冲突，即使它的武器与我们以为的截然不同，差异在于这冲突是远是近。在一段关系中，冲突位置越遥远，痛苦就会越显著，肉搏战的意义也变得薄弱。所谓肉搏战，不外乎握手或是脚掌轻触——奥维德不就对此又是盛赞，又是嫉妒，甚至口出恶言吗；亲吻或是拥抱就更不用说了。远距离的作战只能靠眼睛，但若使用者懂得战争的艺术，也能发挥得淋漓尽致，得到与近身战同样的成果。视线可以温柔细腻到极点，使女孩仿佛真的感受到爱抚；也可以刚强有力，于是女孩感觉自己像是被紧紧抱住。不过远距离的战争若延续太久注定是错误与灾难，因为这种形式的交流只能作为象征，不能取代乐趣，真正的意义只存在于近身战中。

若爱情之中没有战争，则爱情本身也不存在。我几乎从未进行过远距离作战，所以我说战争并非结束，而是正要开始。事实上，直到此刻我才准备拿出武器。没错，我已经得到考狄利娅，不过那是世俗的层面，对我没有意义可言。我所追求的更为纯净。即使她与我有了婚约，假使我因此以为她是真心爱我的，那几乎是妄想。她对我没有那种感情。

我可以在形式上得到一个女孩，却又并未真正占有，就如同我也可以真正占有一个女孩，但在形式上没有得到。

悄悄泛红的脸颊，
闪耀的是内心的光芒。
Auf heimlich erröthender Wange
Leuchtet des Herzens Glühen.

她坐在茶几边的沙发上，我就在一旁。这样的相对位置既营造出私密感，又有种彼此敬重的疏远。对于看得见其中巧妙的人，位置有着非凡的意义。爱有很多种位置，而我们现在处于第一种排列中。女孩仿佛带着皇室气息，无论身形、神情、眼睛都如此纯净，令我深深着迷。我与她打声招呼，她如往常愉悦上前，脸上浮现一抹羞涩迟疑。有了婚约，彼此关系不可同日而语，但是考狄利娅还不确定怎么应对较好。后来，她牵了我的手，脸上却没有以前那种笑意。我回以极细微、几乎无法察觉的轻捏，表现得友善温和，不带情色意味。

她坐在茶几边的沙发上，我就在一旁。这场景就好比宗教仪式那样庄严肃穆，弥漫着柔和的晨光。她没有说话，不忍破坏这静谧。我双眼轻轻从她身上扫过，视线中不带欲求。

在这种时刻表达欲念太煞风景。她脸上闪过一抹红晕，好像浮云掠过牧草地，然后飘得更高更远，渐渐消失。那红晕代表什么？是爱，是渴望，是希望，是忧惧——因为红色是心脏的颜色？不,不是这样的。接着她慢慢陷入自己的心绪。她思索的不是我,我本身无法成为答案；甚至也不是她自己，而是她的心境转变。这时刻需要的确实就是安静，记忆和情绪波动都无法打扰。对考狄利娅而言，我仿佛不在场，事实上却又因为我的出现，她才生出如此复杂的情绪，需要沉淀。我与她和谐共存，进入这境界的女孩自然为空灵所包围，如同女神一样受人尊敬膜拜。

多亏我叔叔的这栋房子。要使年轻人厌恶烟草，就带他去大学宿舍的吸烟室瞧瞧；要叫一个年轻女孩排斥婚约，就带她去我叔叔那儿走走。进入裁缝师公会，遇上的当然多半是裁缝师；而在这庄园中，大多是成双成对的订了婚的人。走在这种地方实在叫人反感，所以不能怪考狄利娅显出不耐烦。随便算算就有十对,还没计入因节庆而涌入首都的人潮。

订了婚的人言行恩爱几近黏腻，而我带考狄利娅过来，就是给她机会亲眼看看一般人的爱情化为现实会变成什么德性，沉溺在情爱之中的神态是多么笨拙。你会一整晚不断听到怪声，好像有人拿着苍蝇拍到处挥舞；事实上，那是情侣们的热吻。在这里，他们不会为此觉得尴尬，甚至懒得费心找个隐蔽一点的角落，围着大圆桌便毫无顾忌地卿卿我我起来。当然我可以趁此气氛对考狄利娅采取同样的行动，不过最后我还是克制住自己，因为强占的做法只会玷污她的女性贞操，对我而言那比欺骗更严重。整体来说，信赖我的女孩就该得到最完美也最极致的美学对待——即使最后她觉得受骗，但在我看来，那是美学的一环，因为故事的结局若非女人欺骗男人，当然就是男人欺骗女人。如果有人愿意花些苦心，数一数童话、神话、传说和民谣里面男人和女人谁比较不可靠，结论一定很有趣。

虽然考狄利娅占去我许多时间和精力，但我一点也不后悔。每次见面都得花很多时间做准备，因为我正陪着她体验爱的滋长。尽管我有形的躯体就在她旁边，但她感觉不到我。这种关系就像是一支缺了舞伴的双人舞，或者说我这个舞伴确实存在，她却始终看不见。考狄利娅就如同在梦中翩然起舞，梦中舞伴是我，蒙胧不可捉摸，若有似无。要跳舞，还是得有人搭档。她先鞠躬行礼，接着伸出手，退后，前进。我握着她的手，这看似是我完满了她的思想，其实是思想完满了自身。她跟随灵魂演奏的乐曲舞动，我充其量只是一个开场的讯号，而且不带一丁点儿色情意味，于是引起她更多好奇。这样柔韧而抽离的我，简直融入背景里了。

人们订婚以后多半聊些什么？就我所知，双方急于将另一半拉进自己的大家族，也难怪爱情会在这过程中逐渐磨灭。要是一个人不懂得如何将爱置于绝对地位，令其他一切相较之下微不足道，那么一开始就不该投身于爱，这不是结过十次婚就能够弥补的缺陷。我的阿姨叫作玛丽安，舅舅叫作克里斯托弗，父亲是个少校，还有这个、那个……已经摊在阳光下的个人资料与爱没有任何关系，就连个人的过往也无关痛痒。年轻女孩本就没有多少可说，倘若有的话倒很值得一听，但有精彩过去的女孩，建议还是别爱上的好。我谈恋爱不是为了听故事，我自己的故事已经够多了。我追求的是两人真正为对方存在的永恒瞬间。

为此必须让考狄利娅对我有信心，更精确的说法，是排除她内心的疑虑。我并非一般恋人，一心念着相互敬重才能相爱，才能结婚，才能生小孩。不过我也明白爱情，特别是在激情不足的情况下，确实迫使恋人注意不要造成美学与伦理的冲突。就这层面来看，爱情有其独特的辩证规则，例如相较于我对姑姑的作为，我与爱德华之间的种种更该受到谴责，但结果也是后者看在考狄利娅眼中更容易接受。她没有主动提起这两件事，但我认为还是解释清楚我的动机比较妥当，一方面我表现得慎重就迎合了她的自尊心，另一方面，我待人处事的思路如此难解，这也会引起她的好奇。不过这样的自白会显得我仿佛很了解情爱之事，与以前自称从未涉足这领域有所矛盾，但这不重要。只要她没明确察觉，而我能达成目标，前后矛盾无所谓。只有那些醉心于学术的人才要担心逻辑是否说得通，年轻女孩这样丰盛的生命，本就充满矛盾，那是无可避免的结果。

考狄利娅有傲气，但对爱情没有明确概念。虽然现阶段她理智上可能认同我，一旦感性大量涌出，她的想法、感受或许会起变化，而那傲气会对我的立场造成威胁。就我目前的观察，她对身为女人的真正意义感到迷惘，之前我轻易利用这一点将傲气引向爱德华，但现在则因为她根本不懂爱情，于是这傲气便很难控制。假使她领悟什么是爱，真正的骄傲就会觉醒，但现在这种粗糙的傲气依旧时不时钻入她心中，打乱她的情绪。届时她可能会针对我，就算不立即后悔与我订婚，也会认为我占了太大便宜，天秤一开始就倾向我这里。而她察觉这些以后，就会想要与我作对，这是理所当然的，然后我可以从中看出她的心思如何活动。

没错。就算隔着这么远的距离，我也看得见留着卷发的可爱小脑袋从窗户探出来。我已经接连三天注意到这幕画面，年轻女孩不会闲来无事一直待在窗边，这总是有理由的。不过可否求求你不要将身子探出来这么多？我敢打赌你一定是站在椅子上，那姿势再明显不过。万一你摔下来可不得了！而你若摔落，也不是打算落在我头上，我暂时不打算介入。你是想落在他头上——无论是谁，总之必定有个他。啊，不会吧！这下子我可瞧见了！远远从街道中央走过来的，不正是我的牧师朋友韩森吗？他看起来举止也有些奇怪，平常可不是这模样，若我没料错，韩森这一路也乘着渴望的翅膀，所以脚步轻飘飘的。

该不会他常来这儿，只是我一直没发现？可爱的小姐，你怎么忽然缩回去了，我猜是要替他开门吧。你先别费心，他又没要进去。你觉得我胡说八道吗？不、不，我可以保证，因为那是他亲口说的。要不是因为刚才一辆马车咔嗒咔嗒经过，你也会听见才是。我随口问了一句："你要上那户人家吗？"他清清楚楚回答："不。"所以你且道再见吧，韩森要先陪我走一会儿。看得出来他有点尴尬，因为越尴尬的人话越多。我也会多聊聊他正在应征的教会职缺。再会了，小姐，我们先过去海关一趟，但是走到那儿我又会说："哎呀，真是糟糕，光顾着和你聊天，我走反方向了！我要去西大街啊。"

看看，我们不是这就回来了吗！结果她还在那窗口盼着。这样一个女孩肯定能够叫男人快活。或许有人会问，我为什么要这么做，是我心肠坏、爱作弄人？当然不是。我可是为了你啊，迷人的女孩。

首先，你越是巴望着他出现，他真的上门时看起来就更是英挺帅气。再者，这下子他进去你家大门以后，第一句话就是："差点来不成了呢。刚才快要进门之前遇上一个讨人厌的家伙，幸好我机灵，拖着他绕了一圈，聊了聊我求职的事情，一直到海关附近才终于甩掉。别担心，他一定什么也没察觉。"然后呢？你就更欣赏他了呀。在你心中这位牧师本来就学问渊博，如今更显得才智过人，因为你亲眼瞧见他的反应多敏捷了，不是吗？这可是托我的福！我忽然想到一件事：这两个人应当尚未公布订婚消息，否则我不可能没听说。女孩的长相、个性都好，但还很年轻，说不定思虑并不成熟，要是莽莽撞撞就想跨进人生下一个重要阶段，这可该如何是好？得想想办法，该找个机会与她谈谈。基于她是个漂亮小姐，我该这么做；基于友谊，我也该保护韩森；而她是我朋友心仪的对象，所以我又多了一层责任。另外，她们家很体面，不得不多为这家人着想。甚至可以说，我是为了全人类这么做呀。全人类！多么震撼，多么积极，为了全人类而奋斗，实在冠冕堂皇。该将心思拉回到考狄利娅身上了。我善于利用情绪，女孩的殷殷盼望是种美妙氛围。

我与考狄利娅之间开始了第一场战争，但是我不断撤退，为的是给她机会体验追逐与胜利。我退了又退，透过这个过程传授爱情的力量，以及其中的纷乱思绪和激情，并解释何谓渴望，何谓希望，还有那种热切的期盼究竟是怎么回事。只要按照计划继续走下去，一切便会相应地从她心里萌生。我领她走在凯旋的路上，为她揭示出方向，也在一旁赞颂伟大的胜利。见证爱情如何驾驭我，如何创造出我的一言一行，考狄利娅也会培养出对爱的信仰，接受这股永恒的力量。她一定会相信我，不只因为我对自己这门艺术的造诣有把握，也因为我所言来自真实。若非如此，她自然就不会相信我。随着我的每个步骤，考狄利娅越来越强韧。爱在灵魂中苏醒，她也更加接近女性生于这世间的意义。

其实若以俗人的标准来看，迄今我还没有真正发自肺腑地向她求过婚。但我要行动了：让她自由。唯有她获得自由，我才能够真正爱上她。不能让她臆测到这自由也来自我，否则她将对自己失去信心。她感受到自由以后必然有所动摇，生出与我分手的念头。那是第二次战争的开端。她已经得到力量和激情，这样的对手于我才有意义，至于战争如何收尾，其实只是细枝末节。假设她给骄傲冲昏了头，真的打算离开我，那样也好！即使她自由了，却仍旧属于我。拿婚约束缚她才荒谬可笑，她不自由，我也不想要这样的她。所以她想要离开也无所谓，这就是我们之间的第二次战斗，胜出者也必定是我，而一如初次战斗，必然是她获得表面的胜利。对我来说，她越强悍，乐趣就越多。上一次的战斗是为了解放，只是一场游戏；这次则是为了征服，要分出生死。

我爱不爱考狄利娅？当然爱！发自内心吗？对。我忠实吗？没错，而且从审美的角度来看，这重要极了。即使成为世人眼中忠诚的好丈夫，但若思想愚昧，那女孩嫁给这样的男人又有什么意义？对她有什么好处？完全没有。有人说过，人生在世并不是诚恳就好。在我看来，爱一个女孩，也不仅仅要做到忠厚老实。我就拥有另一项必要特质，那叫作欺骗。纵然如此，还是得说我是全心爱她的，否则我不需要谨慎小心、克制一切不当欲望，呵护她那神圣天性的发育。世上少有人能做到这点，我是其中之一；世上也少有女孩值得如此对待，但考狄利娅有此资格。我们岂不是天造地设的一对？

视线不在布道牧师身上，反而飘向你手里那条华丽的刺绣手帕，是不是一种罪？而你握着手帕的风情，又是不是一种罪？手帕角落绣了名字。你是夏绿蒂·哈恩？能以如此意外的方式得知女孩姓名真是充满诱惑，仿佛有个乐于助人的精灵悄悄撮合。手帕折叠得恰恰好，让我正好看得见你的名字，难道不是个美丽的巧合？你很感动，拭去眼角的泪珠，放下手帕。我盯着你，而不是牧师，这举动在你看来应该很奇怪。而你看了自己的手帕,意识到名字泄漏了。着实天真,要知道女孩的名字方法很多,何必怪罪于手帕?为什么急着将它揉成一团?又何苦对我恼火?牧师不是才说了:“不要引诱他人,即使是无心之失,也必须负起责任。犯下罪过以后,唯有倍增自己的善行才可以弥补。”这时,他说了阿门。走出教堂之后,你是否打算任手帕在风中飘荡。难不成你怕我?我做错什么了?有什么你不能原谅的,又有什么是你不愿记得的?若不记得,怎么宽恕?

和考狄利娅的关系得改变,有来有往很重要。一方面,若我只是一再退让,她心中的感情很有可能太过放荡而涣散,没办法凝聚内在的女人天性。若第二次的斗争在这状态下开始,她根本毫无还手余地。的确,考狄利娅至今仍不真正明白上次自己为何胜出,她没发觉是理所当然的。另一方面,重点是保持她的内在觉醒,倘若她察觉到胜利可能被夺走,才会学着紧紧抓住。在这样的冲突里,她天性中的女人就会成熟,而我可以利用交谈点燃她,也可以借由书信冷却她,或者相反。而无论从哪方面看,以书信煽动,以交谈冷却,是比较妥当的,如此一来我可以享受到她最极端剧烈的情绪变换:在文字中掺入甜美的毒药,等到毒性进入她的血液里,之后只要一两句话就足够引爆她心中的爱意。

然而接下来则是冷嘲热讽，考狄利娅因此又陷入怀疑，不过不至于使她误以为在情场上真的落败，尤其再到下一封信，她将更觉得有把握。讽刺这门艺术在书信中也不容易发挥，她未必看得懂。在交谈之中，我也只能投入一点点热度。我的躯体对于幻想是种阻碍，但若我只存在书信里，她就有办法承受。也就是说，考狄利娅会将我与她情感上的概念人物混淆。另外，在书信之中怎样的表达都不为过，所以我可以大大方方拜倒在她裙下；若是面对面还这么做，未免太过滑稽，破坏想象。这些反差会唤醒考狄利娅心中的感性，使其茁壮成长，越来越坚固。这些反差是种引诱。

然而行文间不可以太快掺入情色意象。起初要以用平凡简单的话题消弭她的顾虑为主。就算提到订婚的好处也无伤大雅，能使她安心就好。反正婚约制度的缺陷，未来她有的是机会亲自感受，光是我叔叔那儿就有看不完的例子。情欲的部分，没有我的指引，她心里也生不出；若我刻意拒绝，考狄利娅看着别人卿卿我我，很快就会心中生厌，排斥婚约这种形式。但她永远不会知道，这一切其实都是我一手促成的。

今天我要给她一封信，内容是描写我的灵魂。读过以后，她应当也会意识到自己内心是什么状态。这是正确的做法，我最擅长的就是正确的做法。这都要感谢你们哪，我爱过的女孩。因为你们，我的灵魂才会如此平和，能成为我想给考狄利娅看见的任何样貌。真感激你们，一切都是你们的功劳。我想年轻女子是上天赐予的教师，男人总是可以从她们身上学到东西——再怎么不济，至少也学得会如何欺骗女子，而实地演练是最快的捷径。无论到了什么岁数，我都会谨记一件事：要是一个男人无法从年轻女孩身上学到什么，那代表他真的老得不行了。

我的考狄利娅：

你说没有想到原来我是这样的人，其实我也没有想过自己可以变成现在这模样。这改变难道不是在于你吗？说不定我根本没有改变，只是你观看我的方式不同了。又或者，真的是我变了？若是在我，那就是因为我爱你；若是在你，则是因为你是我所爱的人。在灵光乍现中，我顿悟一切，于是骄傲而坚强，心中毫无畏惧。已经不再有什么事物可以使我吃惊，就算有鬼魂来敲打我家大门，我也可以冷静地提着烛台去开门。[1]不过你要明白，我不是为了虚无缥缈的鬼魂敞开心门，而是为了你，我的考狄利娅。造访我的是生命，

1 译按：《唐·璜》的故事内容。

是青春，是活力和美丽。我的手臂不禁颤抖，无法将烛台拿稳。我胆怯后退，可是又忍不住要看你，忍不住想要高举灯火照亮你。我变了，但究竟是如何改变，为何改变，改变的本质是什么？我不知道，没有任何可以遵循的道理或原则，唯一确定的就是，那神秘且不可思议的：我变了。

你的约翰尼斯

我的考狄利娅：

爱情喜欢隐秘，但婚约代表公开。爱情喜欢安静，而婚约则是种扰攘。爱情喜欢悄悄话，婚约却是个大嗓门。幸好，我有考狄利娅，所以婚约会是欺瞒敌人最好的伪装。夜深人静时，挂着灯火的船对其他船只最危险，因为光亮比起黑暗更像陷阱。

你的约翰尼斯

考狄利娅坐在茶几旁的沙发上，我坐在她身边。她揽着我的手臂，枕着我的肩膀，脑袋里面不知有多少思绪纠结。我们很近，却又很远，她虽然身心都奉献给我，却又并不真正属于我。她还有些抗拒，但并不是针对我个人；女人天性中就存在这种抵抗，她们的本质就是以抵抗的形式来奉献。

考狄利娅坐在茶几旁的沙发上，我坐在她身边。她心跳很快，但没有激情；她胸脯起伏，但没有躁动。有时她神情改变，但是微乎其微。这是爱？不可能。她听我说话，也理解我说的内容。她听着已熟悉的声音，理解那声音所说的一切。她听着另一个人倾诉，那些话语仿佛从她内心油然而生；另一个人的言语在她的身体里起了共鸣，但她已经分不清声音究竟出自她自己，还是另一个人，也分不清言语究竟是进入了另一人耳里，还是她自己的心里。

我在做什么呢？愚弄她？当然不是，那对我没有任何益处。那么我是不是想要窃取她的心？也不是，事实上我宁愿自己喜欢的女孩保有她的心。那么，我到底在做什么？我是要为自己塑造一颗心，一颗与她的心相似的心。画家画出自己所爱之人，雕刻家雕刻出自己所爱之人，那是乐趣所在。我也一样，只不过我在心智这个层面进行艺术创作。考狄利娅不懂我做的事情，而这也就是最大的谎言所在。我暗中完成这个作品，若从这角度观察，我的确取走了她的心，一如利百加狡猾地从拉班家里盗走神像时，也顺便盗走了他的心。[1]

环境对人的影响很大，尤其有时候它们会在记忆中留下

1　译按：此处指《旧约·创世记》31: 19 前后的故事，但克尔凯郭尔似乎混淆了人物，这段故事应当是拉结（Rachel）窃取神像而不是利百加（Rebecca）。而“偷心”实有诡计、欺骗之意。

难以磨灭的印象，甚至可以冲击整个灵魂，因此不能忽略。无论我到了什么岁数，想起考狄利娅时，一定会连带想起这个小房间。我前往拜访的时候，女仆通常会先领我进入大客厅，考狄利娅则从她房间走出来，而同时我走进旁边的小客厅；当她打开对面那扇门的时候，我们目光会自然交会。小客厅布置舒适，空间与单人房差不多。虽然没有机会从各个角度观察，但就我坐在沙发上所见，一切都颇为满意。考狄利娅总是坐到我身边，我俩面前有一张圆形茶桌，铺有华丽的桌巾，上面搁着一盏灯，形状如同直挺挺的花朵，以精致的剪纸作为灯罩，因为轻巧所以常常微微颤动。这盏灯的风格令人联想到遥远的东方，尤其灯罩缓缓晃动时仿佛吹起了东方才有的柔风。地板上铺着特殊的用柳条编织而成的地毯，这同样一眼就认得出是舶来品。

有时候我觉得那盏灯是这景貌上的地标，我和考狄利娅坐在花一般的灯光下；有时候地上的柳条地毯化为甲板，我们仿佛坐在舱房内，朝着大海的中心航行。坐的位置距离窗户比较远的时候，我们会望向天际，于是幻想变得更加真实。坐在她身旁，这些意象好比死亡掠过坟墓那样涌入我心中。

环境对于回忆更是有着深远的影响。每一段感情关系都要细细品味，直到能够轻松地在心中找回当时的所有美好。想要达到这个程度，必须对环境多加留心，如果不理想就得主动加以改变。对考狄利娅和我而言，环境非常适当，可是当我想到小艾蜜莉，不同样认为那个环境再妥善不过？想象起来，或者说回想起来，艾蜜莉总是待在面对花园的小房间里，我无法将她换到别的背景里。房间里面有扇门打开着，屋子前方那片小花园就在眼前展开，逼得人的目光不得不落在那儿，而前方道路则一直延伸至视野尽头。艾蜜莉也是个可爱的女孩，但是与考狄利娅相比还是差了那么一点，而环境适时弥补了这部分。视线停留在大地，不要浮躁地向前冲，停留在那小小的前景中就好，就连隐没于远方的道路也是为了引领眼睛的巡礼而存在的。那个房间联结的是大地。而考狄利娅不需要醒目的前景，她拥有的是一望无际的苍穹，她不该行走于大地上，而该飘浮飞翔。无须回头，恒久前行。

果然订婚就是愚蠢的保证。几天之前韩森终于带着那位年轻小姐露面，他们订婚了，他私下跟我聊了一会儿。韩森觉得女孩长相甜美，这我之前已经知道；他说她很年轻，这我当然也晓得。最后他提到自己之所以做出这个决定，竟是因为自觉能将女孩塑造为内心理想的样貌。我暗忖他这么有学问的人竟如此愚昧，还找上一个青春活力的好女孩。即便如我在这个领域已经很老到，仍然视年轻女孩为大自然的经典之作，觉得应当是自己先向她们学习。就算刻意引导、塑造她们，也只是将我从她们那儿领悟得来的一切归还回去。

我必须刺激她的灵魂，而且这不是一点一滴、时有时无的刺激，是全面而整体的。要让考狄利娅看见无限的可能性，感受最贴近自己人性的时刻。如果她走在理性思考的道路上，恐怕永远无法真切体会这一点；现在需要的是想象力，因为想象才是她与我真正的沟通渠道，尽管那对男性来说只是生命的一个片段，对于女性而言却是全部。考狄利娅不必艰苦翻越理性之路追求无限，女人生来就不做这种苦工，她们只要踏着感性与想象就可以轻松到达终点，尤其对年轻女孩而言，那片无限来得自然而然，一如她们以为恋情必定是幸福的。无论她们身处何处，一转身就能面对广阔的无限，然后只要飞跃过去；记住，保持女性的优美，而不是男性那种大剌剌的步伐。

为什么男性生来如此拙钝呢？跳跃之前还必须先目测距离、助跑测试好几次，一旦犹豫又得停下来折返，等真的迈步跳出去，结果还是往下坠。年轻女孩可不是这样。山区时常可见两座高山比邻，中间是一条深渊，光是低头看都觉得可怕，男人不敢跳，当地传说却称年轻女孩们根本不怕，他们将那景象叫作少女的飞跃。我完全相信这个传说，也相信年轻女孩能有各种出色的表现，听那些质朴的山区居民说起这故事，我深深陶醉。

我相信那些不可思议的事情，不可思议的感受正是为了相信而存在，而世上能使我感受到不可思议的，首先、最后都依旧是少女。少女们只需要轻盈的一个跳跃就足够，不管男人可以跳多远，是不是同样到了另一座山头，只要他们的姿态费力笨拙，就永远无法跟少女们较量。有人会傻得去想象女孩要助跑吗？或许可以想象女孩奔跑，但那是嬉戏，是娱乐，是为了展现自身的美丽可爱。助跑前进那样的概念根本不存在于女性的世界里，因为这概念中存在理性辩证，与女人天性有所冲突。谁敢如此不解风情，违逆女子之美。少女的飞跃像在空中滑翔，落在对面山顶，丝毫不见狼狈力竭，只会出落得更加清丽动人，浑身散发灵气。她回眸一笑，朝还在原地的我们抛了个飞吻，那份宛如新生的青春活力就像绽放的鲜花，横越深渊的曼妙身影还叫我们眼花缭乱。少女要学会的是如何将那份空灵融入无限，随着情绪舞动身姿、模糊现实与诗意的界限后，在无限的领域里恣意徜徉。等她熟悉情绪浪涛，我才为她指引情感方向，于是她会成为我冀求的对象；届时我的责任已了，作品已成，可以收起自己的船帆坐在一旁，扬起她的船帆载着两人继续航行。事实上，只要女孩沉醉于情感，我就可以开始掌舵，控制速度，要快慢适中，恰如其分。有时我会故意在船帆上戳个洞，有时则要全速向前。

在我叔叔那里，考狄利娅表现得越来越不耐烦，好几次提起希望别再过去了，但是我没理会，想出许多理由坚持邀她一起过去。昨晚离开时，她牵着我的手，一反常态，显得十分激动。在里面很不舒服吧，这并不意外。要不是我将那些矫揉造作的言行当作一种实验观察，肯定也会难过得要命。今天早上我立刻收到她的来信，信上不仅取笑婚约这种事情，力道还比我预期的强劲许多。我忍不住吻了那封信，我会好好珍藏起来。做得很好，我的考狄利娅！我非常欣慰。

就这么巧，在东大街上有两间咖啡厅面对面营业，左侧那家的二楼住了一位年轻女性，不知是少女还是少妇。平常她的身影隐藏在百叶窗后面，不过因为百叶窗是用很薄的材质制成的，眼力好一点的人，或原本就认得她的人，或是观察了许多次的人，很容易就能看出她的五官，如果不认识她或者眼力较差的人，则只能看见蒙眬形影。可惜我是看不清楚的那类，不过有个年轻军官每天十二点钟准时从街角走过来，抬头朝那扇窗户张望。其实我一开始就是被百叶窗给吸引的，才进而察觉到他们两人之间的交流。附近其他窗子都没有遮蔽，若只有一扇窗户需要遮蔽，则意味着后头常有人。

某一天我在对面那间咖啡厅里倚着窗，时间正好是十二点。原本我也没注意到街上的行人，视线停在那扇百叶窗上，结果看见后头有人影在晃动。旁边的另一扇窗户映出女性的侧脸轮廓，朝着百叶窗这个方向微微点头，神情十分和善。我立刻意识到：她打招呼的对象一定是男性，那表情、那动作带有的感情色彩很明显，不会用在同性友人身上。接着，我也可以推断出对方会从什么方向走近，因为只有从特定的角度才能隔着百叶窗还远远地看见是谁走过来，然后打招呼。果然，隔天十二点整，这个爱情故事的男主角，一位英挺的中尉现身了。我坐在那位女士楼下的店里，看着军官抬起头。小心点，朋友，要对一个在二楼的人行礼可不轻松。另外，果然他长相不错，体格结实精壮，黑发和鹰钩鼻颇为俊俏，带着三角帽更显利落。不过也不是没缺陷，腿居然有些弯，好像嫌它们太长似的。

在旁观者眼里，这景象很容易让人联想到一个人明明牙痛，但牙齿居然又长得太长的窘境。如果就这样一直站着看向二楼，两条腿可能会打战吧。抱歉，中尉，请原谅我打断你的眺望，我明白这十分唐突，但是你这么抬着头也没有多大意义，什么都没表达出来，却又自以为得到许多承诺。也罢，看起来这位中尉被冲昏头了，就像诗人写的："他蹒跚，他跌倒。"[1]

---

1 译按：出自丹麦诗人延斯·巴格森（Jens Baggesen）的作品。

真糟糕，要是换作我，决计不会如此失态。可惜了，那么体面的一个人。若要以英朗的气质得到女性青睐，怎能出现跌倒这种尴尬的场面。既然要当骑士，就得时时提防；换作一个以聪明才智取胜的人，似乎不至于如此难堪，他可以装作专心思考、神情恍惚，被绊倒看起来就不那么奇怪。楼上的小姐会留下什么印象呢？真可惜我可没办法同时身在达达尼尔海峡的两岸。虽说我可以在对面店里安排熟人看着，但一来我还是希望亲眼瞧瞧，再来就是这事件对我的意义还不明确。综合起来，找人一起挖掘这秘密没多大好处，还要浪费很多时间探问同伙观察到什么，恐怕只会引起对方的疑心。

我对中尉已经觉得厌烦。他每天衣冠楚楚地穿过这条街，这种行为无聊极了。难道军人都是这德性？我说先生啊，你身上应该有枪吧？何不闯进那户人家将女孩给掳走？假使你是学生、学者、神职人员，依靠内心的期望来过日子，那自然是另当别论。算了，我原谅你，那女孩多看了几次以后便颇得我欢心。她很美，那对褐色眼睛相当淘气。因为盼望你的到来，她的容貌呈现出笔墨难以形容的娇媚。我猜想她想象力十分丰富，想象力是女人最美的妆容。

我的考狄利娅：

渴望是什么？在言语中，在诗词中，它和捆绑同一个韵。[1]多么不合逻辑，好像一个被绑起来的人还能奢求什么似的，又或者像是说一个自由的人就毫无渴求。想想，要是我能自由多好，我多么渴望呀！事实上，我确实自由，如同飞鸟一样自由，但我还是有好多渴望！见你的时候有渴望，离开你的时候也渴望，明明坐在你身旁，我却依旧渴望着你。一个人是否可以渴求自己已经拥有的事物？可以的，只要他想到随时可能会失去。这股渴望是永恒的煎熬，除非我能永存，并且知道你时时刻刻属于我，我才可以与你一起走过无限岁月，因为即便与你分离一时半刻我也不愿忍受，我只希望能够平静地陪伴着你。

你的约翰尼斯

我的考狄利娅：

外头有一辆小马车，在我看来足够容纳整个宇宙，因为它足够供我们两个人乘坐。拉车的两匹马儿狂野奔放，力量有如浩瀚天地。它们急躁难耐，仿佛回应我的激情，但那份坚强勇敢就好比你的内心。只要你答应，我们随时出发。

---

1 译按：此处指丹麦文中的 Længsel（渴望）和 Fængsel（监狱）。

我的考狄利娅！你愿意吗？你一声令下，我立刻执起缰绳，载你远走高飞，不是从此地到彼地，而是离开这个世界。骏马腾身，几乎越过我们头顶，车厢窜入云海，我们直冲天堂。风声在耳边呼啸，究竟是我们静止了，而世界仍旧碌碌转动，还是我们飞得太快太猛？亲爱的考狄利娅，你是否感到晕眩？你可以抓紧我，我不会头晕，因为人只要想着一件事情不分心就不会晕，而我心里只有你。生理上，眼睛若只盯着同一点也不会晕，而我眼里同样只有你。抓牢了，假如远离尘世之后，这马车将随风飘散，我们会只剩下彼此。一起徜徉于群星吧。

你的约翰尼斯

可真是过分，我的仆人等了六个小时，我自己也等了两个小时，外头还下着雨呢，为的只是能等到夏绿蒂·哈恩。每周三下午两点到五点，她多半都会去探视一位年迈的阿姨，偏偏今天正巧是她没露面的日子，而我也就这么刚好选在这天想见到她。为什么？因为她带给我一种独特的情绪。

打招呼时，她屈膝行礼的模样充满矛盾，乍看十分俗气，细看又蕴含着一种圣洁。她弯下膝盖后会稍稍停顿，简直像是身子要没入地面，但下一秒钟就升上天国。观察细微的我，心里也是既肃穆却又有股油然而生的渴望。除此之外，这女孩就毫无意义了，我要的不过就是彼此打照面的那匆匆瞬间，就算夏绿蒂愿意给我更多，我也没有收下的意愿。只要从她那儿沾染了气氛，就可以转移到考狄利娅身上，可惜她今天不知怎么和我们错过。没想到喜剧里头的年轻姑娘很难遇见，连现实生活里她们也这么捉摸不定，多长几双眼睛才能找着。神话里面有一位叫作卡迪亚的女神，她时常戏弄男子，将人骗进树林以后自己却消失无踪。但她想捉弄雅努斯的时候却反着了那位男神的道，因为雅努斯是双面神，背后也有眼睛。

我写的信发挥了作用，内容在考狄利娅心中发酵，但还没萌芽为情欲。若要加速情欲滋生，该写的不是信，而是短笺，并且随着情感的进程而渐次缩短，却又包含浓浓的情意。同时为了避免她过度多愁善感，使精神反而脆弱，时不时得掺入辛辣的讽刺，一方面培养她坚韧的心灵，另一方面更刺激她渴望感性的养分。此外，短笺要隐约暗示出彼此关系最巅峰的那一刻；一旦考狄利娅的灵魂到达那境地，也就必须切断我俩的联结。经由我表现出的抗拒，考狄利娅就会以为所有这些暗示都是源于她自己的内心。那就是我的目的。

我的考狄利娅：

城里头有一户小家庭，住着一个寡妇和她的三个女儿，女儿之中有两个去皇家餐厅学习烹饪。夏季的一个午后，大概五点钟，客厅的门轻轻打开，有人悄悄扫视了一眼。客厅里只有一个女孩坐在钢琴旁边。因为门稍微开着，外头的人可以听见，但不会被发现。弹琴的人并不是专业的演奏家，否则前门自然就要关上。那个女孩正在弹奏一首瑞典小调，诉说的是青春与美丽多么短暂，歌词好像在嘲弄女孩自己，但女孩的青春与美丽也仿佛不甘示弱，反唇相讥。女孩和歌词，究竟哪一边说得对？旋律沉郁，仿佛这争端得交由哀伤做出最后裁决。然而哀伤本身就是错误啊！青春与愁思之间有何关联？早晨和黄昏难道并肩而行吗？琴音颤抖，混乱得难以分辨彼此。

亲爱的考狄利娅，为何如此生气，如此激动！

一件事情必须过去多久才能进入回忆，又要多长时间才不会陷入渴望纠结？多数人都有极限，太接近当下的事情没办法放进回忆，太遥远的事情又无法如昨天才发生那样历历在目。不过我没有这种问题，前一天的事情对我而言已恍如隔世，却在回忆中栩栩如生。

你的约翰尼斯

我的考狄利娅：

我的知己啊，有一件事情我想要告诉你。除了你之外，我还可以向谁吐露？难道只能对回声说吗？回声不一定可以保守秘密。星星吗？它们太过冷漠。对其他人？他们怎么会懂呢。所以我只能和你说，你知道如何守护我的秘密。

有一个女孩，她比我最深的梦境还要美丽，又比阳光还要纯净，深沉得好像大海，高贵如同翱翔的飞鹰。有这么一个女孩。啊，请倾听我，请答应我会记住这个秘密。我爱那个女孩胜过自己的生命。她就是我的一切，凌驾于我所有的欲望之上。我对她的渴求掩盖了所有的思绪，因为所有的思绪里头都是她。我对她的爱，比阳光对花朵的爱更温暖，比哀痛对愁绪隐情的爱更亲密，比荒漠枯沙对雨水的爱更迫切。我对她的依恋胜过母亲对孩子的关切，或者灵魂对上帝的倾慕，就好比植物不能缺了根。

我知道你脑子里有太多东西在转，那股沉重蔓延开来，郁结于胸。我的考狄利娅！你一定了解我，完全明白我的心思，什么细节都不会漏掉吧！我是否还需要拉长耳朵，听见你的声音才可以相信？我还有必要怀疑吗？你会为我保守秘密吧？我可以信任你吗？据说一些犯了重罪的人会对彼此发誓，保证不漏口风。我告诉了你等同于我生命的秘密，那么你是不是也有同样深刻又美丽、不可亵渎，若是我辜负了你、就会受到上天惩罚的高贵秘密要我来守护呢？

你的约翰尼斯

我的考狄利娅：

乌云密布，仿佛激动的面孔上挤在一块儿的黑眉。树海里波涛汹涌，如同经历噩梦正辗转反侧。而你遁入森林，自我眼前消失，即使我在树干后面看见与你相若的女子身影，每当靠近时它又闪躲到另一棵树背后。你为何不肯现身，不肯坦然？我好迷惘，这森林的每个角落看来都一样，雾气弥漫，肖似你的人影来来去去飘忽不定，可我始终找不到你。你随感官的浪潮不断飘移，但我只要捕捉到一个相像的幻影就心满意足。究竟为什么？是因为你的内在太过丰富，还是因为我的心灵太过贫瘠？爱你，就等于爱上一整个世界吗？

你的约翰尼斯

假如可以将我和考狄利娅之间的所有对话逐字记录下来，其中一定有很多值得玩味的地方。可惜这不但做不到，就算做得到，若非身处在对话当下的情境，就无法真切感受到当时的意象氛围，还有彼此的讶异和感动，那些才是话语的精髓。通常我并不刻意做准备，否则谈天就成了演戏，更何况这是谈情说爱，照剧本演出会失去味道。不过我一直牢记自己写过的文字，有适当机会就对考狄利娅的感性施予刺激。想当然耳，我不能直接开口问她是否仔细读过信，甚至我从未堂而皇之地提起过写信这事，一直以来只是引导对话与信笺之间的联结，有时加深她的印象，有时故意制造矛盾，令她困惑不解。觉得迷糊的话，考狄利娅就会重读一次、两次，建立新的印象。

我察觉得到考狄利娅内心世界起了变化，如果要我给个观察评论，我会说她目前心地与天地合一，所以坚强勇敢。从她的眼神可以明显看出改变：大胆无畏，充满期望，随时准备好迎接奇迹。如同瞭望远方的目光，她的眼神超越尘世，看见另一个世界。然而在那份几近鲁莽的勇敢和期盼背后，不是自信在支撑她，她所怀抱的是梦与祈求，她的态度绝非傲慢且颐指气使。考狄利娅追寻自身之外的一个惊奇，为此她不断祷告，认为凭一己之力绝无可能实现。必须设法调整她的心态，否则我会太快占上风。

昨天我们谈到一件事：她觉得我的性格之中有一个帝王。也许这句话暗示了她愿意顺从。但万万不可。考狄利娅，你说得没错，我的天性之中存在一位帝王，但你还没看清我治理的疆土是什么样貌的。在那里呼啸着情绪的风暴。一如埃俄罗斯[1]，我将狂风关在我的人格的群山之间，它们只能轮流出来溜达。奉承话可以帮助她增长信心，区分自己和他人的领域疆界，而我什么也不争。不过使用奉承得小心，有时候

1 译按：希腊神话中的风神，将儿子（不同的风）囚禁在孤岛山洞内。

置自己于高位但又将对方捧得更高，有时候则不得不降低身段。前面那种做法适合耕耘理性，后者则适合培养情欲。

她是否亏欠我？完全不。我希望她亏欠我？完全不。我是个有眼光的鉴定师，明白情欲的真正价值，所以不会有那种可笑的念头。要是走上那一步，我会竭尽所能消除她的记忆，顺便催眠自己忘记一切。每个年轻女孩的内心都是座迷宫，她们像阿里阿德涅[1]，手中握着可以找到路的丝线——只不过她拿在手上，却还没意识到如何使用。

我的考狄利娅：

你开口，我就会遵从。你的欲望是命令，你的要求是魔咒，你每一个稍纵即逝的意愿都是对我的恩赐。我不是一个随侍在侧、独立于你之外的个体，而是随着你的指令，与你的意志一同从无到有。我的灵魂只是一片混沌，需要你的话语才存在。

你的约翰尼斯

我的考狄利娅：

你明白的，我很爱与自己对话，因为我是我认识的人

1 译按：出自克里特岛牛头人与迷宫的神话故事。

里头最有趣的一个。有时候我担心会找不到能与自己聊的话题，但现在没有这种顾虑了，因为有你。我可以不断聊着你，从现在到永远，这么一来我就能与最有趣的人聊最有趣的话题。嗯，我是有趣的人，而你是有趣的话题。

你的约翰尼斯

我的考狄利娅：

在你看来，我似乎一下子就倾心于你了，于是你不免怀疑，也许我以前有过很多经验。有一些手稿，经过专家鉴定以后，发现古文被篡改为荒唐的内容，但只要以化学物质进行清理，就能除去后人的无稽之谈，留下清晰明确的真迹。我们也一样。透过你的眼睛，我才真正找到了自我中的自我，删去了任何与你无关的杂乱，看见了最原始的纯净圣洁，也明白我对你的爱其实与自身的存在一样古老。

你的约翰尼斯

我的考狄利娅：

若一个国家自相纷争要如何站立？而我若与自己起了冲突又要如何面对？为什么会有矛盾，是因为你。想到我爱你，应该心灵平静，但我怎么平静得下来？两个声音轮流诉说这份爱有多么热烈深刻，一边说完了，另一边立刻开口。

要是与我自己无关，是另一个人有勇气爱你又努力克制自己的爱意——两桩重罪——那么我何须介怀。问题是，这纷争在我心中延烧，这是同一种激情的两种形态。

你的约翰尼斯

就这么离开吧，渔家小姑娘，躲进树林里头，背起木柴，弯腰的姿态多么适合你。是的，此刻你正展现出天生的优雅，弯下腰提起捡拾回来的柴薪。要你这样美丽的人背负重物真是暴殄天物！明明你就像个舞者，肢体藏不住韵味，那副柳腰、那对丰胸都还大有可为，任谁都会同意这点。在你看来可能不重要，觉得自己和所谓上流仕女无法相比，但是女孩啊，你不明白在那个世界里面藏着多少虚假！所以带着木柴进林子吧，树林广阔绵延，应当连接到那片苍蓝山脉的边境。

会不会其实你根本不是渔家女，而是一位受诅咒的公主，被山里的精怪奴役，才沦落到林子里捡柴？童话故事常有这样的情节。否则，你为什么走向森林深处呢？如果来自渔家，不是应该带着柴薪从我身旁掠过，步向另一头的村庄才对？进林子去吧，就算小径蜿蜒曲折，我的眼睛找得到你。转身看看我，就会发现我的视线已经缠绕着你。但你动摇不了我分毫，若只是渴望，不足以将我拉走，所以我靠着栏杆抽烟。下回吧。

嗯，你微微转头，朝那水手露出顽皮眼神，步履轻盈充满暗示。我懂了，原来你是寻找树林深处的僻静，那里除了树木的低语以外只剩寂静。看看，连天空也想助你一臂之力，太阳躲进云朵后，枝丫底下幽暗得如拉上了遮帘。再会了，美丽的渔家女，好好照顾自己！也谢谢你带给我的一切。如此美妙的瞬间，如此充沛的情感，虽不足以要我挪动脚步离开栏杆边，但是已经撩拨起我内心的圈圈涟漪。

雅各与拉班商量自己的职责与酬劳，最后双方同意由雅各照顾白绵羊，回报就是生下的杂色绵羊归他所有。之后雅各在水槽中插树枝，使羊群不断望向树枝。[1]我也一样出现在各处，考狄利娅不得不看见我。她心里觉得这代表我很殷勤，但我却清楚：其实是她渐渐对其余人失去兴趣，满脑子只期待着下次与我的接触。

我的考狄利娅：

我怎么可能忘得了你！但如此说来，我的爱难道只是个回忆？不，即使时光拭去一切痕迹，连记忆本身也不复存在，我们之间的联系却生生不息，我也绝对不会忘记你。我怎么可能忘得了你！但我又该记住什么呢？为了记住你，我

1　译按：见《旧约·创世记》30：31。

已经忘记了自己；想要记起自己，就得先忘记你。然而在我记得自己的瞬间,我也就会想起你啊。我怎么可能忘得了你！究竟该怎么办呢？有一幅古画是阿里阿德涅从长椅跳起，急切望向一条扬帆远去的船只，丘比特在女孩身边，他松开弓弦，伸手拭泪。阿里阿德涅背后有一位长着翅膀、戴着头盔的女性，一般认为那是复仇女神。但想象一下，若对这幅图画稍微做些变更，丘比特不流泪了，并且拉紧弓弦——若我心思糊涂疯癫了，难道就会减损你的美丽、你的胜利？想象爱神微笑着拉弓，同时复仇女神也没有闲着，她同样准备射箭。原本那幅图画的船上有个男子忙于工作，通常认为那是忒修斯；在我这幅画里，他则是站在船尾朝岸上张望，神情充满渴求。他张开双臂，已经悔悟，或者更准确地说，是他已从疯狂中痊愈，然而船却载着他远离。爱神和复仇女神双双瞄准，放箭，命中同一处。我们清楚明白，箭射在他心上，象征了爱，也象征了复仇。

你的约翰尼斯

我的考狄利娅：

有些人说我是与自己相爱。我不意外，毕竟如果我爱的只有你一个人，他们如何察觉原来我能够爱别人？他们如何能够意识到我爱的其实只有你？我确实是与自己相爱。

为什么？因为我爱你，因为我爱的只有你，以及与你有关的一切，而我属于你，所以我爱我自己。如果我不爱你了，那么我也不再爱我自己。在世俗眼光中，这是个极度自我中心的概念，可是你的心灵未受玷污，一定能从中看见最纯粹的爱情，而世俗眼光中最庸俗的自我保护，在你圣洁心灵中也是最崇高的自我毁灭。

你的约翰尼斯

原本最大的担忧是过程旷日累时，没想到考狄利娅的进度十分之快，所以为保持她的继续成长，必须实行下一阶段的计划。最重要的莫过于维持她的活力——在她到达最后期限前。

恋爱的人不走大路，结婚的人才踏在国王大道中间。若是两人处于恋爱中，从诺堡出发，就会避开埃斯鲁姆湖畔的路。虽然那只是一条狩猎小径，但终究是其他人开辟出来的，而恋人们想要走自己的路，所以深入格里布森林。[1]爱侣们手挽着手，心连着心，往事中蒙胧的喜悦和痛苦一一云开雾散。没有旁人，只有这棵漂亮的榉树为爱情做见证。回

1 译按：位于哥本哈根西北方，是丹麦最大的森林。

忆栩栩如生：你们在它的枝叶下第一次告白，第一次牵手，第一次搂着对方跳舞。天快亮了，即将分离，发生的一切你们自己都不敢相信，更遑论记得要对方给个誓言。

种种爱的排练，听了使人心中幸福满溢。恋人跪在树下，宣誓至死不渝的爱，神圣的仪式以初吻作结。这是种值得在考狄利娅身上好好培养的情绪。只有榉树见证。树木是非常好的见证者，但终究太微不足道，于是你俩想到以天空为证，偏偏天空又太虚无缥缈。事实上，还有一个人可以帮你们作证：我是不是该站出来，让你们看见？不，要是他们认得我，这游戏可就结束了。还是隔远一些再现身，只是提醒他们知道还有别人，但这样也没有意义，他们的秘密只存在于缄默中。当然，前提是我愿意这么做。他们受制于我，我要拆散他们轻而易举，因为我知道他们两个人之间的秘密。但我怎么会知道呢？只有从他们口中才能得知，但从女孩那儿问得出来吗？不可能，所以一定是男人说的。张扬这种事情未免太可鄙。没错！不过这么做好像有些恶毒，我再考虑看看好了。倘若女孩给我深刻印象，又是个好的印象，那我也没办法，只好这么做了。

我的考狄利娅：

我若陷于穷困，你便是我的财富；我若身处黑暗，你就是我的光明。我一无所有，但也别无所求。我怎么可能拥有什么？连自己也没有的人还能拥有什么呢？虽然不能拥有，也一无所有，但是我像个孩童一样快乐，因为我属于你。我已经不存在了，只因我为你而存在。

你的约翰尼斯

我的考狄利娅：

“我的”这个词究竟代表什么？其实它的意思不是什么属于我，而是我属于什么、什么容纳了我，它指的是我的归属。就像“我的上帝”并不代表上帝归我所有，而是我属他所有，类似的还包括我的故乡、我的家、我的责任、我的渴望和希望等。不朽这个概念以前并不真正存在，但想到我属于你，自然的定律也不足为惧。

你的约翰尼斯

我的考狄利娅：

我到底是什么？是宣扬着你凯旋的传令小卒，是你飞扬时支持着你的配角舞者，也是你飞得累了的时候可以休息的枝头，更是为了衬托出高音清亮而存在的低音——我到底是什么？我是大地的引力，将你强留在地面。我到底是什么？是身体，是物质，是大地，也是尘与土。而你，我的考狄利娅，你才是精神，是灵魂。

你的约翰尼斯

我的考狄利娅：

爱是一切。对在爱中的人，万物失去其本义，必须透过爱的诠释才被赋予意义。所以如果订了婚的男人忽然在意起别的女孩，那么他会觉得自己是罪人，未婚妻也会大发雷霆。但你不同，你知道这种自白乃是出自敬重，也深知我根本不能爱上别人，因为我对你的爱是照亮一切的光源。我若真在意起别人，并非想说服自己相信我确实只爱你而不爱她（因为这么说未免太过荒谬），但是因为我的灵魂之中已经充满了你,所以我的生命得到另一层含义,成了追逐你的一个神话。

你的约翰尼斯

我的考狄利娅：

我被爱情腐蚀，只剩下声音。我连声音也爱上了你，无论你到哪里都会听见“我爱你”。唉，你会不会听得厌烦呢？它无所不在，就像我不断思念的灵魂，百转千回缠绕你那纯洁深沉的生命。

你的约翰尼斯

我的考狄利娅：

有个故事是河流爱上了少女，而我的灵魂就是爱上你的一条河。有时候水面平静，映出你的形影，有时候为捕捉你的影像而掀起波澜，还有时吹出涟漪只为了赏玩你的倒影。偶尔河流失去你的踪迹，在绝望中浑浊且湍急。我的灵魂，就是这样一条爱上了你的河。

你的约翰尼斯

说实话，不必非凡的想象力也想得出更便利，更舒适，最重要的是符合身份地位的交通工具。搭乘运煤的拖车？或许很引人注目，但不是好的方式，可惜若碰上紧急状况，也只能心存感激地接受了。

你在乡间走了好一段距离才上了煤车，过了一英里[1]路都没出什么意外，直到两英里路也还平顺，于是你心里觉得安稳踏实，甚至暗忖从这高度望出去的景色，其实比起平日在马车上所见的更别致。三英里路过去了，谁料到在这种乡下地方能遇见来自哥本哈根的人？不过，他就是哥本哈根人，你也注意到了。那个男人不是乡下地方出身，气质态度截然不同，果断又机灵，观察敏锐还带着一抹讽刺的笑。

1 编按：英制长度单位，1 英里约为 1.6 公里。

我说女孩，你那位置不怎么舒服吧，看你的表情好像坐在碟子上一样难受。毕竟拖车空间有限,没有地方给你好好放脚。但话说回来，这只能怪你自己，我的马车不是任你使唤吗？明明我这儿有舒服的座位，还是对你而言坐我身旁就不自在？即便如此，我愿意腾出空间，自己坐到车夫旁边，一样可以送你到达目的地。

你戴着草帽，却挡不住旁人的视线，就算低头也没用，我依旧欣赏得到你优美的侧脸。那些工人看见我就爱鞠躬，不是很烦人吗？但没错，工人看见有身份地位的人是该行礼。你打算就这样离开？嗯，前面确实有间酒馆还是驿站，运煤工人像是朝圣那样忠实报到。该是处理掉他的时候了，我很清楚怎么打发挖煤工人，只是不知取悦你会不会也一样简单！他肯定拒绝不了我的邀请，也抗拒不了我的请求。就算我说话没用，还有仆人帮我。这会儿工人进去酒馆了，拖车上剩下你一个人。不知道到底是怎样的少女？是中产阶级的小姐，还是教区牧师的女儿？若是牧师的女儿，有这种动人美貌和高贵衣着可叫人深感意外，看来父亲的收入不差才对。我这才想道：会不会她出身名门贵族，只是厌倦了奢华马车，所以单独出一次门，深入乡间来场小小冒险？不无可能，我也听说过类似的事情。结果那个泥煤工人什么都不知道，只懂得喝酒。很好，继续喝吧，先生，你尽管喝，其余事情就别操心了。

仔细一看，这不是杰斯帕森小姐吗？韩辛·杰斯帕森，父亲是个大商人。老天哪，其实我们认识，以前在宽街遇见过，当时她乘车要回家却打不开车窗，我戴着眼镜隔着一段距离观察，心里觉得有趣。场面很是困窘，车里东西多，她自己挪不动，但又不愿意大声喊人帮忙。当然，今天这情况更是尴尬。看样子我们注定要相逢，这缘分不是很明显吗？这位小姐一定天性浪漫，是自己溜出来的。我的仆人带着拖车工人出来，工人酩酊大醉，模样可鄙。这些泥煤工人活得真狼狈，但世上还有人境遇更差劲。

我说你这不就陷入两难局面了吗？除了自己驾车，没有更好的办法了，这可不浪漫！于是你拒绝我的提议，坚持说自己驾驶技术很好，但你骗不了我，我看得出来你在这方面本领有多少。可想而知，没几步路以后你会跳下车，而藏身在旁边树林里并不是难事。我会上好马鞍，骑上马在你后面跟着。你看看，我准备妥当了，你不必担心碰上坏人。好吧，你何必这么慌张，我回去就是了。一开始我就只是想要你稍稍惊恐，因为那神情能增添你姣好面容的韵味啊！反正你也不知道拖车工人是被我灌醉的，加上我绝对不会对你有只言片语的轻慢，因此事情尚可和平落幕，甚至你最后会一笑置之。

上次那件事情就算是我们扯平了，我可不是喜欢占女性便宜的那种男人，而且我最重视自由，若非人家自己给的，我说什么也不强求。“想必你很清楚，现在这样哪儿也去不成。我本来要打猎，所以骑马出来，马车还留在前面那间酒馆。如果你需要就尽管吩咐，任何地方我都能送你过去。至于我本人……很遗憾，没有余裕陪同护送，这次狩猎是和别人约好的行程，我分不开身。”

于是你接受了。这不就没事了吗？何必为了与我二度相逢而感到难为情。羞赧虽然适合你，但过度了可就不美了。整件事情付诸一笑即可，记得偶尔想想我，这是我唯一要求的回报。如此渺小，于我却完全足够，因为它只是个开端，而我最珍惜的就是开端。

昨天在考狄利娅姑姑家里有场小聚会。我知道她会带着编织工具包，所以在里面塞了一张纸条。纸条掉出来，她赶紧捡起，神情变得十分惆怅。不可错过的好机会，不可思议的好结果：只不过一张字条，在这种情境下匆匆一瞥，她竟然在意到这地步。考狄利娅没找到空当可以和我说话，因为我事前故意安排好要送一位女士回家。她只能等待，等到了今天。这是个很好的练习，可以将意象深植于她的灵魂；以往看来我比较在意她的心思，但也因此取得优势，现在我轻而易举便能挑起她的讶异。

男女之爱有其独特的辩证模式。我曾经喜欢过一个女孩，然后去年夏天在德累斯顿，我遇到一位与那女孩相当相似的演员。为此我设法结识那位女演员，接触以后才意识到她们大有分别。今天在街上，我看见有个女士与那位女演员也很像。这段故事要延伸多长都行，要多长有多长。

无论考狄利娅身在何处都受到我的思绪缠绕包围，好像我安排了她的天使守护。维纳斯的车子由鸽子拖曳，考狄利娅坐在气派的车上，我的思念化为鸟儿在前方振翅。坐在车上的她笑得像个孩子，又仿佛是一位全知的女神，而我只能随侍在侧。少女永远是大自然造出的最值得敬爱的存在！世上无人比我更晓得这个道理。可惜的是,光彩的存在短暂。她对我微笑，向我打招呼，又挥了挥手，看上去简直是个小妹妹。不过当我投以一个简单眼神，她便心领神会，想起自己终究是我的爱人。

男女之间的情爱有很多层级，而考狄利娅进步的幅度很大。她坐上我的大腿，那对臂膀如此柔软，温暖地环着我的颈子。女孩的身体如此轻盈，几乎毫无重量地倚在我胸口，曲线若有似无地撩拨着。她如花般艳丽，又如丝带那样飘忽缠绕，眼睛藏在睫毛底下，光滑的胸口洁白似雪，闪亮得我难以直视。要是少了那股上下起伏，我的视线仿佛会攀不住而掉落下来。这悸动代表什么？是爱吗？或许吧。也可以说是爱的预感、关于爱的美梦。现在这份爱欠缺一点动力。考狄利娅深情拥抱，好像云朵包覆在我身旁，但同时又淡如风，嫩似花。她给我的吻像天空亲吻大海那般缥缈，像露水亲吻花瓣那般静谧，也像海水亲吻月亮倒影那般肃穆。

至今她表现出的激情，在我眼中仍属天真烂漫。必须等到转捩点来临，也就是我真的后退了，她才会掏出心里所有，只为将我留下。到那个阶段，除了情欲，考狄利娅别无他法，而且不免提升到截然不同的层次：为了对付我，她势必得将情欲当作武器，而我能得到升华的激情。她要为自己奋斗，她知道我有情欲，想征服我就必须努力。而为了达到目的，她必须提升自己情欲的层次。以往我透过诱导和刺激，教会她如何感受，之后则透过冰冷淡漠，再度教育她如何理解。过程也一样，要做到仿佛是她自己领悟的，于是她想让我惊喜，还以为在胆量上更甚于我，以便能虏获我。考狄利娅的热情被点燃，变得更为具体、活跃、坚定，还符合辩证法，她亲吻时更投入，拥抱时毫不犹豫。她从我身上看见自由，我缠绕她越紧，她的自由就越宽阔。最后她势必会废除婚约，接着她也需要休息一阵子，免得在情绪的汹涌波涛中有了不智之举。等到她的情感再度丰沛，就完完全全属于我了。

我还记得自己当初必须透过可怜的爱德华，迂回地决定考狄利娅要阅读什么书籍。而现在我自然可以直接干预了。所以我挑了自己觉得最有养分的神话和童话故事。当然，如同其他领域一样，其实考狄利娅享有充分的自由，我是经由聆听她说话来学习关于她的一切。要是还欠缺什么，便由我亲手栽种。

夏季时女仆们去了鹿园游玩，其实那儿也没有多好玩，不过她们一年就去这么一次，所以心里还是相当盼望，也为了这场合拿出帽子、披肩，将自己打扮得与平日迥异，然后找些疯疯癫癫、不甚优雅，甚至略嫌淫荡的乐子。这个时节我比较喜欢腓特烈堡公园，女仆们在周日下午也会过去，不过在那里她们表现得体面许多，寻欢作乐的方式也较安静、有教养。

男人若因为女性是仆人就没了兴趣，失去的将比你以为的要多很多，毕竟她们可是丹麦最美的军队。我早就想过如果自己成为国王会怎么做——阅兵的时候才不看无聊的一般官兵。而若我是哥本哈根的市议员，也会立刻提出动议：我们应该成立委员会来督导规划，必要时采取奖励手段，总之全力鼓吹女仆们穿着该更有信心，也更具品味。她们明明有美貌，为何要白白浪费？难道活该一辈子无人欣赏？至少每周也该有一次机会可以好好打扮才是！但是也不能乱打扮，品味是最高指导原则；女仆不必看起来与贵族仕女雷同，就这结论我很同意《警友日报》[1]的说法，只不过报纸给的理由说不通。假如女仆的穿衣品味能够提升，对于好人家的女儿不也是正面教材吗？总不会只有我期待丹麦能在这条道路上开创新局？倘若我有机会见证那样一个黄金时代到来，我会毫不犹豫进入大街小巷一饱眼福！看看我的志向多么远大，对这个国家又是多么有心！只可惜我很清楚自己还在腓特烈堡公园，一个女仆们也来到此处的周日午后。

最先看到的是农家姑娘与她们的情郎手牵手一起散步，再不然就是女孩们彼此勾搭着走在前面，男人们只能跟在后头。这是最常见的光景，她们总是驻足于凉亭前面的广场四周，在树下或站或坐，模样健康活泼，不过身上颜色对比太过强烈；无论肤色或服装皆然。往里面一点，看得见来自日德兰半岛以及菲因岛两地的女孩，她们比较高挺，骨架略显过大，穿衣风格则是太过混乱。若真的成立委员会，一定要加强辅导。博恩霍尔姆岛的代表团没有缺席，她们厨艺天分高，所以不管在餐厅还是腓特烈堡这儿都不怎么好相处，性子里带着难以亲近的倨傲，也因此使风景有了更多层次；虽然我没有与她们近距离接触的经验，却也不希望少了这么

1 译按：丹麦的一份报纸，于 1837 年曾语带讽刺地报道过女仆穿着华丽如贵妇的场面。

有特色的成员。

接下来则是精英部队，也就是来自尼博德的女孩们，她们没有那么高，身形较为丰满圆润，肤质光滑细腻，个性则爽朗伶俐，爱讲话却又有点害羞，最重要的是她们没有戴帽子的风俗。尼博德的女仆们穿着与贵族仕女相仿，但有两个地方不同：她们不披披肩而是围围巾，再来当然就是不怎么爱戴帽子，最多就是小软帽，通常头上也没有多余的东西。

啊，你好啊，玛丽！想不到在这儿遇上，我们好久没见面了,你还在议员家里做事吗？“嗯。”那里环境应该不错吧。“嗯。”但你怎么一个人，竟然没和朋友或者男朋友一起。他今天没空是吗，还是正等着你呢？怎么可能，你还没有订婚？太不可思议了，哥本哈根最漂亮的女孩子，又在议员家里帮佣，还懂得如何打扮得朴素中带有奢华，简直是女仆的模范啊！你那条手帕质料好，看起来真精致，而且角落是不是有刺绣？我猜猜，价值十马克吧，很多高贵的女士都未必有这样的配件呢。然后是法国来的手套以及丝绸雨伞。这样盛装的女孩子，结果却还没有订婚，实在令人匪夷所思。如果我没记错，詹斯不是挺中意你的吗？你知道我说的是谁吧，住那边三楼的批发商的儿子詹斯啊，我没记错吧？你们没有订婚吗？詹斯人很英俊，现在生意也做得不差，以后说不定还可以担任警官或消防员，你们也算是很适合的一对，是不是你说错了什么，还是对他不够好呢……“不！是我发现了他以前和另一个女孩子订过婚，而且对人家很差劲。”我没听错吧，谁会想得到詹斯是那样的男人？唉，这些当卫兵的，怎么总是不可靠。你没做错，像你这么好的一个女孩子，当然不可以随随便便嫁出去，我保证你会找到更适合的对象。话说朱莉安娜小姐还好吗？我也很久没有见到她了。最漂亮的玛丽小姐，麻烦告诉我几件事情吧——你尝过爱情的苦，所以更能感同身受才对。不过这儿太多人了，我不敢乱张扬，免得被人偷听见……最漂亮的玛丽小姐，请听我说，前面林子很茂密，外人看不见我俩，声音也传不出去，都被音乐演奏盖过了……在这里我就敢说出心事。如果詹斯是个好男人，你今天就会揽着他的手在这儿散步、听音乐，甚至会……怎么不开心了呢？好吧，不提詹斯了。别待我这么不公平呀？我来这儿，当然是为了见你；我去议员家里，不也就是为了见你吗？你早就该注意到了吧，每次一有机会，我就急忙窜到厨房门口，不是吗……你将会成为我的，教堂里会有人宣读结婚预告，明天晚上我就将一切解释清楚——在厨房门口对面，楼梯左边那扇门……那么再会了，亲爱的玛丽，记住不要对谁提起在这儿见到我、与我讲过话，你已经知道我的秘密了。

真是个可爱的女孩，可以好好欣赏一番。要是进了她房间，我就自己宣读结婚布告也罢。我早就向往希腊古人的自足理念，牧师尤其多余。

真希望考狄利娅在读我写给她的信时，我可以站在她背后，这样一定很有趣，而且我就能知道哪些内容会激发出她最多的情欲。总而言之，书信依旧是打动女孩芳心的无价之宝。虽然信上字句是死的，却比活生生的言语更有影响力，因为书信是秘密交流，接收讯息时全然自主，无须面对别人，也就少了许多压力。我认为年轻女孩最需要也最喜欢这样的独处，一个人面对幻梦，尤其是在情感汹涌的时刻。

即使女孩会在生活中尽量找出贴近梦的形象，她们仍旧不时感到美梦的广阔可能性有许多无法成真，所以她们需要郑重的仪式作为补偿。不过使用书信时要小心，记得将女孩拉回现实，要的是她们恢复精力、变得更加旺盛，若让她们心灵疲惫就适得其反了。书信最大的意义在于：女孩进入私密天地时，虽然与写信的人身处二地，彼此的精神却同存梦中，而书信终究来自现实中人，所以她们不致迷失在幻想里。

我会不会其实嫉妒着考狄利娅？该死，我的确是。但换个角度看，我没有！假如她的女人天性遭到扰乱，与我所追求的不同了，那么就算我得与别人争夺之后才能得到她，我也只会放弃。

古哲人说过：如果一个人仔细记录各种经验，即使自己尚未察觉，也已经成为哲学家。我身处在订婚者这群体中很久了，也该有些收获才对。比方说，我打算收集材料写本书，书名叫作《接吻概论》，是写给所有沉溺在爱里的人。有趣的是，还真没有一本书探讨过这个主题，要是我写得出来，这也算填补了长久以来的缺口吧。而之所以没有与此相关的著作出现，究竟是因为哲人们不感兴趣，还是因为他们也同样不懂？

那么就由我来提供一些方向好了。完美的吻，首先必须透过完美的媒介，也就是一男一女来实现。男人与男人接吻，可说是品味不好，也可说是滋味不好。再者，我认为接吻就其概念而言应当是男人吻女人多过女人吻男人，而且若随着时间进展，在关系之中失去谁吻谁的分别，那么接吻在这段关系里就失去意义。寻常夫妻的亲吻就属此类，简直像是因为手边没餐巾，于是拿对方的嘴唇擦一下，还硬要补一句“谢谢”。倘若年龄差距太大，接吻也不够理想。我清楚记得在一间偏远的女子学校里，高年级学生间流传过一句话叫作“与议员接吻”，想当然耳，这五个字描述的绝对不是好感受。怎么开始的呢：因为女校长有个姐夫，之前担任议员，而他利用年纪差距制造自己亲吻年轻女孩也不失礼的假象。接吻应该包含特殊而旺盛的情感，兄妹之间的吻算不上真的吻。同样的,圣诞节玩游戏的吻,或强吻,都不算数。若失去情感，接吻便沦为无意义的形式。情感则要条件正确才算存在。

若对亲吻进行分类，就会找出许多不同的判断依据。例如可以从声音来做区分，可惜的是文辞不足，没办法呈现出我的观察心得。甚至我认为从未有过足够的拟声词，可以形容我在叔叔家里听见的千奇百怪的接吻声。有时像是巴掌声,有时像是口哨声,偶尔很模糊,偶尔几如爆炸。有响亮的，有饱满的，有空洞的，还有令人联想到花布的，不一而足。此外，也可以从触觉进行区别：根本只是做样子的，轻轻擦过的，或者密不可分的。再来就是时间，时间这类别底下还有个特殊项目，也是我个人最喜欢的一个，那就是初吻。初吻与后来所有的吻都不同。就初吻而言，其他分类依据也失去意义，声音、触感或单纯的时间长短不重要，因为初吻在性质上与别的吻有着莫大差异。很少有人思考这层面，但若完全没人察觉的话，未免太过遗憾。

我的考狄利娅：

所罗门王说过：好的回答就像一个甜美的吻。[1]如你所知，我实在太喜欢问问题了，有时候因此遭人责难。他们不懂我想问出什么，只有你明白，也只有你知道如何回答，更只有你可以给我一个好答案——如所罗门王所说，好的答案，就是一个甜美的吻。

你的约翰尼斯

心灵上的情欲和肉体上的情欲有所不同，直到现在我都专注于考狄利娅的内在层面，但又到了转变的时候，除陪伴之外，我得施加更多诱惑，所以我花了许多时间阅读《斐德若篇》[2]中那段著名的描写情爱的话，这些内容使我兴奋不已，实在精湛，柏拉图真是深得情欲精髓。

我的考狄利娅：

拉丁文里头用“悬在老师唇边”来比喻学生的专心。在爱情之中，万事万物都是象征，而且象征能化为现实。我应该算得上勤勉专注的学生？但你总是不说话。

你的约翰尼斯

---

1 译按：见《旧约·箴言》24: 26，“应对正直的，犹如与人亲嘴”。

2 译按：柏拉图的著作，论爱、修辞术与辩证法。

假如过程不是由我而是换一个人来主导，说不定他会聪明反被聪明误，不愿让自己也成为被引导的对象。若一个刚订婚的人求教于我，毫无疑问他会慷慨激昂地说："在爱情的不同阶段，我徒劳地寻觅恋人可以在此倾诉爱意的共振图形。"我的回答则是："很庆幸你没有以为自己找到了，因为那个理想的形象根本不存在于情欲的本质里，就算只考虑爱情的趣味层面也是如此。情欲本身太过巨大，它所呈现的情境太过深刻，不可能仅仅透过交谈得到满足。情欲虽然沉静，但轮廓清晰，一旦出声就如门农神像[1]那样悦耳。厄洛斯[2]总是以手势示意而不讲话，即使开口也只能发出难以理解的、仅具象征意义的乐曲。情欲的情境既不是雕塑，也不是图画，两人之间的爱也一样，既非雕塑，也非画像。不过几乎所有男女交往都从嘴巴上的闲谈开始，从这里延伸出丝线，另一端系着婚姻之中的喋喋不休。所以奥维德说，'嫁妆即争吵'，而婚姻从不缺这种嫁妆。真要说话，其实两人之中一方开口也就足够。交给男人吧，但因此男人也就得有维纳斯那条腰带里的魔力。维纳斯靠什么迷倒男人呢？动听的话语，也就是谄媚和奉承。"

1 译按：位于埃及的雕像，据传这两座雕像受到旭日照耀就会发出动人的乐声。

2 译按：指希腊神话中专司性爱的神。

但厄洛斯毕竟不是不会出声，否则在情欲之中就不该有对话。情欲之中的语言交流必须含有情欲的性质，不能与生活的其他层面混为一谈，而且这些交谈只能当作休息和消遣，不会是最终目的。这样的对话、这样的共同幻想，具备神圣本质，也因此我永远不厌倦与年轻女孩对谈。更确切地说，我可能会对特定的女孩感到疲惫，但对少女这个概念却永远有兴趣——就像呼吸，人不可能懒惰到不呼吸。与少女的对话就是等待绽放的花朵，它连接着大地，但方向不受限制。它自由伸展，最后总如雏菊[1]那样带来千万种欢乐。

我的考狄利娅：

“我的”和“你的”这两个词就像上下括弧一样，把我琐碎的内容都圈在一起。不知道你是否也发现了，它们之间的距离一天比一天短？噢，我的考狄利娅！括号中间越空就越美，意味也越深长。

你的约翰尼斯

1 译按：雏菊的丹麦文 Tusindfryd 的字面意思是“千万种欢乐”。

我的考狄利娅：

拥抱不也是一种互相对抗吗？

你的约翰尼斯

平常考狄利娅话不多，这是我欣赏她的特质之一。正因她女人味十足，反而不会故意嗲声嗲气惹人厌，那样子讲话连男人也会变得娘娘腔。然而有时候只消简单一句话，就能显露出她内心藏着多少思绪。这时候我便能帮上忙，就好像一个人在画画时匆匆下了几笔带出结构，背后有个人协助补上细节，画面就会栩栩如生。她虽然觉得压抑，却仍旧认为一切发自内心，所以我小心看顾着她，把握每个适当机会，在看似随意的对话中，给予的回应却有深奥含义。考狄利娅似领悟了什么，却又说不出到底领悟了什么。

今天我们参加了一场宴会，途中没什么时间交谈。要离席时，一个仆人走进来，告知考狄利娅外头有人带了给她的信。其实那是我派去的，信上提及我在席间的言谈。我一开始就刻意将那话题带到餐桌上，考狄利娅的位置虽然与我有距离，但想必听得见，也因此一定误解。这封信是在考量所有条件后写下的，倘若计划出了差错，我也做好安排，可以亲自取回，不送到她手中。考狄利娅回到宴席上，对其他客人稍微搪塞一番，不过心里那份爱情的私密又多奠定了几分。少了这种感受，她就无法走在我预备好的道路上。

我的考狄利娅：

有人说只要将头枕在妖精的土丘上[1]，就可以在梦里面见到妖精。你是否相信呢？故事真伪我并不确定，但我可以肯定的是：如果我枕在你的胸口，不要闭眼，那么一抬头就会看见天使。也有人说躺在妖精的土丘上，一定无法入睡，你是否相信呢？这我同样不清楚，但我可以肯定的是：如果躺在你胸口，我内心将太过激动了，完全不会有睡意。

你的约翰尼斯

骰子掷出（Alea iacta est），变化来了。今天我与考狄利娅在一起，但是我心里完全想着另一件事情，无论眼睛耳朵都没专注在她身上。这个差异在她看来也同样有趣，值得玩味。在这个阶段，我不会直接冷言冷语；然而我离开了，她清楚意识到我变了个人，想必独处时想起来心就特别酸，情绪来得缓慢却强烈，能够渗到灵魂里。而目前的她缺乏机会表达不满，偏偏等到她觉得时机成熟时，整件事情已经延宕到无话可说，她只能将种种疑问藏在心底。

1　译按：欧洲民间传说认为一些圆形土丘、树林等地方是妖精居住之处。

考狄利娅的不安与日俱增，她再也没收到信，以前那些情欲的滋补就像断了粮，连情爱也不断遭受嘲弄讥讽。刚开始她还能忍耐，但不可能支撑太久的。为了重新虏获我的心，她自然而然会模仿我施展过的手段——也就是利用情欲。

就解除婚约这件事情，每个少女天生就懂得如何辩解。明明学校没有教，但是她们总能头头是道，说出自己认为在什么情况底下应该终止两人的关系。在我看来，不如在高年级的考试里加入这道题目，虽然据说女子学校里面考卷上的答案大同小异，我想这一题中还是能看见比较多的个人见解，毕竟题目本身就适合女性发挥与生俱来的敏锐。难道女孩子就不该得到机会，用最耀眼的方式来展现智慧吗？而这道题目不就证明她们确实身心成熟，足以与人缔结婚约？

有个经验十分有趣：某一天我拜访某户人家，结果家长不在，反而两位千金请了许多同性朋友到家里做客喝茶。在场一共八位小姐，年纪在十六到二十岁之间，她们原本没料到有其他客人，甚至事前吩咐女仆对外宣称家中没人在。我直接进了门，所以女孩们大吃一惊。这种年纪的女孩子，八个人聚在一块儿，到底聊些什么可真的只有上帝知道。已婚妇女偶尔也有类似聚会，话题除了从牧师那儿听的布道以外，都是些琐事，比方说何时能让女仆自己去市场，在肉摊那儿预放一笔钱方便还是每次付现才安心，家里厨子有没有对象，怎样不让厨子因为谈恋爱就手脚不利落，等等。

我很幸运地与八位年轻小姐同席。还记得那天是初春，稀稀落落的阳光预告温暖即将到来。由于屋内摆设还停在严冬时的状态，显得外头的太阳像是装饰品。咖啡香味四溢，女孩们心情雀跃，每个都健康红润，加上笑得开怀，众人原本的焦虑一扫而空。说真的，她们本来就没什么好怕的，八个人加起来，力气也不输我一个男人呀。后来我慢慢引导话题，希望她们告诉我：什么情况下应该毁弃婚约？

言谈间，我的眼睛享受着被花朵环绕、在每片花瓣之间飞舞的乐趣，耳朵沉浸在她们发出的流畅旋律中，至于我的精神则专注在少女们究竟是什么想法上。常常只要几个字，我就能够拼凑出一个女孩的过往经验和内心世界。爱情真是一条诱惑的道路，观察一个人在这条路上走了多远，实在饶富趣味。我不时扮演煽风点火的角色，以机智、文采和美学塑造出毫无压力又得体有礼的气氛，表面上看是在轻松说笑，但如果我起心动念，随时能使某位小姐陷入难以脱身的窘境。我掌握这力量，她们浑然不察、毫无防备，只是聊得惬意，我也没理由滥用自己的地位。于是她们一如山鲁佐德皇后[1]，不停地说故事就为了推迟死期。

1 译按：指为国王说了一千零一夜故事的皇后。

有时候我将话题引导得哀伤，有时候稍稍放肆，中间穿插辩证的游戏。究竟什么话题比较复杂难解呢？这取决于观察者的角度。我不断导入新主题，先说起一个女孩子因为父母逼迫所以和恋人分手，这个悲剧故事叫她们眼眶泛泪。接着又提起有一个男人也悔婚，提出的两个理由是女方个子太高大，加上自己也没有跪在地上表白过。而我向那个男人说："这两个理由丝毫不充分。"但对方的回答是："为了达成目的，这两个理由充分极了，因为没人能够解决。"

紧接着我又提出一个两难的假设情境：有个年轻女孩毁了婚约，因为觉得和男方合不来。男子恳求她回心转意，拿出真心作为理由。没想到那个女孩说："如果我们合不来，想法总是不同，那你自然觉得我们合不来。但假如我们合得来，想法应该相同，那你现在不就该和我有同样的感受，觉得我们确实合不来吗？"

几个女孩听完故事脑袋转不过来，但我注意到其中两位立刻就明白了。毕竟女孩生来就懂得如何以诡辩来解除婚约，而我也相信若要为了解除婚约这件事情讨价还价，女孩能发挥的功力比地狱的魔鬼还高深。

今天我和考狄利娅在一块儿，我以迅捷的思绪立刻将两人聊天的话题带回昨天，试着挑起她兴奋的情绪。"昨天我走了以后才想起来有些话还没说。”我的方法奏效了，只要我在身边，考狄利娅就愿意倾听，但只要我一走，她还是会怀疑自己是否受骗了，因为她依旧察觉得出我有些许不同。就在这样一进一退之中，我慢慢抽身，手法称不上高明，但是简单方便，就连考狄利娅自己都一时觉得有趣，没意识到我在榨取她的情爱本质。

恨我无妨，只要也怕我就好。[1]这句话的意思仿佛认为恨与惧是一体的，并且以为恐惧和爱无关，殊不知惧怕才使得爱更加有趣。我们对大自然怀抱怎样的爱？不正是心底深处对她的力量感到恐惧，明白她的美丽和谐源于混乱狂野，随时可能陷我们于危机？正是这股焦虑不安使她显得如此迷人。爱情也一样，若要有趣，就得充满变数。只有辗转难眠的漫漫长夜可以孕育出盛开的花朵，好比雪白的睡莲虽然绽放在水面，却根植于凡人不愿触碰的深沉黑暗里。

我注意到她在信上会说我是“她的”，但是面对面时她未曾有勇气开口这么说。今天我先营造了感性亲昵的气氛，要求她以后这么叫我。考狄利娅正要如我所求，却见我脸上匆匆闪过一抹讽刺神情，于是她将话吞回去，无论我嘴上怎么讲都没用了。这很正常。

---

1 译按：Oderint dum metuant，卡利古拉的名言之一。

她是我的了。我不学人家抬头对星空吐露，至少我看不出那些高高在上的圆球为何会有兴趣倾听。我也没有告诉别人，连考狄利娅也不知道。这秘密属于我自己，只有在最与世隔绝的自我对话之中，悄悄地、喃喃地，低语倾诉。

虽然考狄利娅想要抵抗，但力道微弱，不过其中的情爱能量却非常令人赞叹，看着她沉溺在汹涌激情中，整个人好像放大了——比生命本身还要庞大！闪避起来轻盈，自以为看见弱点时就进攻，动作熟练了！这是场激烈动荡的风暴，但我如鱼得水，悠游自在，她同样也不因骚乱而失去风采，心绪如麻，仍旧是位美丽的女神。然而她不从天真纯洁或无波宁静中诞生，而是自情爱的脉动里得到形象，却又维持着平衡与和谐。

在爱的战场上，她已全副武装：眼神如箭，挑眉是军令，挺立的前额提供绝佳掩护，那对酥胸书写出华丽的外交辞藻，张臂拥抱是引诱敌人的陷阱。她的唇、她的颊，以至于她内心的渴望，都是为了胜利而存在的。考狄利娅浑身散发能量，像神话里的女武神英姿飒飒，却又有股柔美慵懒加以调和。我不能放任她一直驻足情感巅峰，因为这里只有焦虑不安做支撑，时间一久她会坠入谷底。这些情绪发酵很快，考狄利娅会觉得婚约是碍手碍脚的束缚，然后化身为诱惑者，带领我穿越世俗的界限。对她而言，那是发现自我。对我而言，则叫作正中下怀。

最近她在言谈之中已经表达出对婚约的厌腻，这些迹象我可不会没察觉。它们就是我的侦察兵，深入考狄利娅的灵魂，为我的计划撒下一张网。

我的考狄利娅：

你对婚约有了怨言，认为我们的感情不需要受到外在的拘束和阻碍。听你那么说，真让我觉得我的考狄利娅实在叫人赞叹，值得欣赏！我俩形式上的结合还在准备阶段，就像皮拉摩斯和提斯柏[1]之间还有阻隔，加上有旁人想要侵入我们之间的秘密天地。自由只存在于对立中，没有外人察觉我们的爱，我们的爱才能有意义。任他们以为我们怨恨彼此吧，那时候的爱才能带来快乐。

你的约翰尼斯

婚约即将破裂，还是由考狄利娅亲手促成，为的是将我抓得更紧，毕竟散开的头发比起绑好的辫子更容易纠缠。如果由我解除婚约，就没办法欣赏到她的情欲如何翻天覆地。这不只是美景，也是她灵魂勇气的最佳证明，对我来说至为

1 译按：神话中的一对恋人，因为家长反对只能透过围墙上的小洞传情。

重要。更不用说，若是由我主动，会影响到日后的人际关系，引来另眼看待，甚至厌恶排挤。虽然旁人不明白真相，然而其实这结果对大家都有好处。

许多小姐自己没能订婚却喜欢指责男人是负心汉，她们尚未理解自己处境多么卑微：爱情这个场域，地位高低与年资毫无关系，而她们一开始就落入候补名单，无论如何努力，前景都不值得期待。还有一些小姐厌倦了平淡的生活，寻求改变的契机，结果迎来失败的恋爱，还逞强一笑置之，于是面对自己和别人都塑造出受害者形象，却又没有悲惨得能住进女子收容所，结果在旁边找了房子，整日以泪洗面。这种女人也势必唾弃我。另外还有一种人，她们可能完全受骗，可能被骗了一半又或者四分之三什么的，反正可以分成很多等级，好一些的能拿出戒指当信物，惨一些的恐怕只是舞会上握过手。听到我主动解除婚约，这些女子的旧疮疤可又被揭开了，于是新仇旧恨全算在我头上，我也只能含笑收下。

对我来说，为此怨恨我的人，简直像是秘密情人呢。没有领土的国王岂不可笑，而这没有土地的王位还有许多人抢着要，真是荒唐至极。明明就女性角度而言，我更像是流通频繁的好当铺才对。订了婚的男人只能专注于一个对象，而我这样的男人出乎意料地可以照顾很多女性，不过程度有限就是。总而言之，我不想面对无稽的指控，更希望趁此机会以崭新面貌接触人群：其他年轻小姐会对我深感同情，为我无奈叹息，只要我也配合演出，必然能够擦出火花。

真是奇怪，我竟然注意到自己身上出现了个征兆，那是贺拉斯[1]对每个不贞少女的诅咒啊。是一颗变黑的牙齿，还居然是门牙！人就是这样迷信！但是这颗牙齿可真令我烦心，一切与它有关的暗示都难以忍受。就算其他很多方面我十分坚强，在这种事情上可就有弱点，而且随便一个笨蛋提到与牙齿有关的事，都可以对我造成重创。我试了各种方法漂白，但没有效果，最后只好学帕尔纳托克[2]这么说：

> 我日也擦，夜也擦，
> 却怎么也擦不去黑影。

人生有许许多多神秘不可解释之处，比方说牙齿变黑这种小事，比起任何意外或病痛都更叫我烦恼。我当然可以拔

1 译按：罗马帝国时代的诗人。

2 译按：丹麦诗人亚当·戈特洛布·欧伦施莱厄（Adam Gottlob Oehlenschläger）作品中的角色。

掉那颗牙齿，但那代表我得装上假牙——假牙是虚伪地面对世界，黑牙是虚伪地面对自己。

考狄利娅对婚约如此反感，这对我再好不过。婚姻现在是、以后也仍旧是一个好制度，虽然其中的乏味之处在于将未来的好处挪到前面先尝了。订婚则不同，只是人类自以为是的荒谬发明，少女一方面受到激情驱使而看轻这约定，另一方面却不免感受到它的重量，于是从灵魂深处流泻出的能量如血液般弥漫全身。

现在要紧的是持续引导考狄利娅在这条路上大胆驰骋，才不会看见远方还有婚姻，身边还有现实世界。最后，因为她的骄傲，也因为她害怕真的失去我，她便会毁去存在于认知中不完美的男人形象，好抓住超越凡俗的理想类型。我不必太过担心，因为考狄利娅在人生道路上本就走得轻盈，与现实连接不紧密，而且我在船上，必要时可以扬帆出航。

对我而言，女性自始至终都能引发源源不绝的灵感，也是取之不尽的观察材料。虽然无法感受这种层面的人也能平顺地过生活，但我想这样的人无法确切理解审美这个概念。美学之所以神圣崇高，正因为它极为单纯，只和美有关，换言之只和幻梦与女性有关。每次想象时我都大受感动：女性的本质像是太阳一样，朝着无限可能性散发出光芒，光芒经过折射，化为五颜六色的形容词，每个女人在这一王国中都拥有自己的一片土地，她的内外身心都以这里为基础萌芽成长。所以女性的美丽本质可以无限次分割，但每个女人都必须学习与自己的领土和谐共处，否则大自然想透过她展现的美好将会夭折。

对于欣赏女性之美幻化出的目不暇接和璀璨耀眼之景，我乐此不疲。每个女人既是其中一小块，却又同时是圆满的整体，所以才快乐而美好。她们各有千秋，或许是动人笑靥，或许是淘气轻睨，又或是有着渴望的目光、微微倾斜的脸庞，有的乐观快活，有的沉静忧郁，也许敏锐，也许压抑，一些女人恋家，一些女人狂放。她们能用五官说话：诱人的眉、疑问的唇、藏着秘密的额、拨人心弦的卷发、掩饰心思的睫毛。她们可以跟天一样骄傲，也可以跟地一样谦卑，或者如天使般纯洁。她们有的羞涩，有的外向，有的慵懒或像是活在梦里，也有的多愁善感。她们身形曼妙，或丰满或纤细，无论胸、臀，以至于小巧的脚都令人着迷。每个女人都有独到之处，而且总是不会重复。

我一次又一次观察，却只看见这世界的无限可能，然后微笑、叹息、奉承、追求、引诱、欢笑、痛苦、期望、恐惧、赢了又输——最后只能收拢扇子，赫然惊觉看似支离破碎但实为一体，每个部分都包含着全貌。所以我的灵魂欢欣鼓舞，心跳加速，热情重燃：这个女孩，这世上唯一的一个，她必须属于我，上帝大可占有天国，我只要能拥有她就好。我很清楚自己会做出什么选择，天国也不愿意与我分享她，因为若是少了她，天国还剩下什么呢？虔诚的教徒上了天堂只能拥抱羸弱的影子，他们势必会大失所望，但那是因为他们没找到温热的心，心的温热全部收藏在她的胸中。若是天国只有苍白的唇、暗淡的眼、无力的胸膛和手臂，那究竟有什么意义。唇的红艳、眼的光彩、胸的起伏、手的匀实，叹息与亲吻，颤抖与拥抱——这一切的一切都集结在她身上，而她却将足够充满此世以及彼世的财富，全部挥霍在我身上。

针对女性，我时常如此思考，结果我心中产生温热，因为我想象中的女性就是一股温热。温热在一般人想法中应当是好的，但在我的思维模式下则未必。为了探索更多，我会发挥自己冷静的一面，以理性来剖析女性。然而女性应该被放在什么样的范畴下去思考呢？是"为了他者而存在"。[1]这句话不能从负面的角度解读，仿佛女人既为自身存有，也为他者存有。各种抽象思考都一样，先决条件是

1 译按：此处的哲学概念为being-for-others，学术中译为"为他存在""对他存在"或"他觉存在"（"存在"有时亦替换为"存有"），描述自身成为被观察者的情况。（关于"存在"和"存有"详见后述。）

我们要尽力避免主观经验的介入，否则，以现在这个主题为例，经验虽然于我有助益，却也会造成阻碍。无论何时何地，经验都具备有趣的两面性，它既有好处，却又对我们有害。女性是为他者而存有的,我们在思考这一点的时候，要排除以往的经验，寻找另一个观察角度。因为现实生活中我们很少看见女性单纯为他者存有的那一面，也可以说，大多数情况下我们无法观察到一个个体的完整性，她总是在为己和为他者之间摆荡。

但是，女性的本质就和大自然一样，是为了别人而存有的。自然界是为了他者而存有，这并非纯粹的目的论观点，不是单纯描述自然界的某一部分推动了另一部分；整个自然界都是为了另一个存在而存有，那个存在就是精神。无论放在什么元素上都一样，举例而言，植物的生长与绽放展现出魅力姿态，就只是为了给人欣赏。同样的，谜语、手势、秘密、母音，许多东西仅仅为了他者而存有。这也解释了为什么上帝创造夏娃的时候让亚当先沉睡——女人就是男人的梦,《圣经》也告诉我们，女性就是为了他者而存有的。耶和华从男人身上取了肋骨造出女人，若他当初取的是头脑，女性虽然仍旧会为了他者而存有，但是目的和样貌就会大大不同。女性成为血肉之躯，与自然万物合而为一，自然就是为了他者而存有。女性内心的苏醒源于情欲的触碰，在接触情欲之前，女性就是一个梦，但梦也分为两个阶段：一开始爱情梦想着女性，后来则是女性梦想着爱情。

为他者而存有，女性的特点就是贞洁。贞洁为了自身而存有，但作为抽象概念或者具体行为，其实也就是为他者而存有。女性的纯真具有同样的性质，可以说保有两者的女性还没有正式的形象：众所周知，女神维斯塔[1]没有形象，所以她代表真正的贞洁。从审美的角度来看，这种性质的存有嫉妒自身，就像耶和华也是嫉妒的神，于是他不要自己的形象甚至概念存留于世间。这看起来很矛盾——既然为了他者存有，却又不愿意给他者看见。然而这一点在逻辑上却是成立的，以逻辑思考的人也不会为此苦恼，反而会深感喜悦；无法以逻辑思考的人才会过分粗糙地以狭隘的认知将其化约为：为他者存有，就是为了我而存有。

女人这种存有（以“存在”描述未免过度，女性并不能透过自身延续）[2]很精确地被诠释为优雅美丽的，也确实与植物具有类似的特质。诗人不就喜欢描述女子如花吗？

1 译按：英文中作 Vesta，在天文学上译为灶神星，名字源于罗马神话中象征女性贞洁的女神，以炉灶为代表物。在神话故事中，她鲜少参与神或人的事务。

2 译按：此处“存有”为 Being，“存在”为 Existence。在克尔凯郭尔的著作中，Existence 具有精神层面的意义，不是单纯物质层面的存续。

其实就连精神层面，女性也与植物有着雷同处：她们属于大自然，只有从美学的角度看待，她们才会获得自由。所以在丹麦文里头，男性求婚（at frie），女性才自由（fri）。也就是说，男性求婚的方式正确，女性就别无选择。当然现实中，女人还是得选择是否接受，但若这个选择是深思熟虑多时的结论，则太不合乎女人的本性。至于男性若被拒绝就深感羞愧，则代表他高估了自己，想要给另一个人自由，却没有足够的能力。反讽便出现在这一层关系上：为他者存有者看似居于主导地位，男人求婚，女人却可以决定是否接受；明明双方的认知都觉得是男性征服、女性被征服，结果地位却对调了。其实这是非常自然的现象，也只有愚蠢昏昧、不解情爱的人，才看不出其中玄机。男女关系的基础在于女人为物质面、男人为精神面，女人所做的选择是有限之中的选择，男人若不求婚，女性就无从选择，而且男人只是问了问题，女人无论选择为何都必须给予答复。由此观之，男性大于女性，但换个角度，则又无穷尽地小于女性。

“为他者而存有”是纯净的贞洁，当它与另一个“为自己存有”产生关系，其间的对立展现在矜持上，同时也彰显出女性的“为他者而存有”的特质。绝对的奉献的反面就是绝对的矜持，而绝对的矜持不可见的，是万物依附的抽象概念,但抽象概念并不因此化为实质。女性特质之中出现残酷,则是矜持放大至荒谬极限的结果。男性永远无法如女性一样残酷，只要阅读神话、传说或民俗故事，就能认清这一点。若要从自然万物之理中印证残酷没有极限，最好的范例就出现在女性身上。各国的故事里头都不乏有年轻女子狠心杀害追求者的桥段，即使蓝胡子杀死所有爱过的女人，他并非从杀戮中得到快感，而是从别的来源得到快乐。所以很明确可以看到，他并不是因残忍而残忍。还有唐·璜，或许他抛弃过许多女子，但同样不是因抛弃得到满足，满足来自引诱，所以这仍旧不是抽象的残忍。

我越认真思考，越觉得我的理论与实践完全一致。在我亲身实践的过程中，我也坚信女人就是为他者而存有的。对于为他者的存有而言，时间极其重要，因为无论时间长短，改变的时刻终将到来，为他者的存有必须采取一个相对位置，于是原本的特质就消失了。我明白一些做了丈夫的人也会说妻子就是为了他者而存在的，但那种说法意义完全不同，只是一厢情愿认定妻子至死都为自己所拥有。请原谅他们，我认为他们只是欺人然后自欺。

人类社会每个阶层都一样，充满了习俗规矩以及自欺欺人，其实就像外地人说外地故事一样很不可靠。想掌握精准的时间点很难,无法掌握的人则注定损失乐趣。时机很重要，时机到了以后，女人很重要，至于结果如何，我也无法说个准。其中一种结果是有了小孩——我虽然自认想象力丰富，但就算发疯也不要接受那种结果。太难理解了，还是交给结婚的人吧。

昨天考狄利娅和我一起去朋友的夏季别墅拜访。大家多半待在花园里，玩了不少游戏，其中一种是套圈圈。原本有位男士和考狄利娅搭档，他先退下休息，我把握机会过去递补。在这样的活动中，她展现的优雅、姣好与魅惑，比起以往更加迷人！她扭动摆荡的韵律多么协调，轻盈得好像在草地上舞蹈，身姿看似柔弱，其实只有观察入微的人才能看见其中蕴含丰沛的活力。考狄利娅玩得狂野，目光充满挑衅呢！我对这个游戏特别有兴趣，她一开始不明白原因，直到我故意和别人聊起交换戒指是个圣洁习俗，考狄利娅才遭受晴天霹雳似的会意过来。之后气氛截然不同，从深刻醒悟中涌出的情感点燃了她整个人。我两手的棍子上都套着环，故意先和其他人聊天拖延时间，而考狄利娅也明白我为何如此。等我将环掷过去，她都接住了，却将圆环抛得又高又远，让我绝对接不到。抛出圆环时，考狄利娅眼神毫无顾忌、大胆无畏。有个故事里头说，一位法国士兵去俄国作战，腿因为坏疽必须被截去，痛苦的手术结束以后，他立刻将截断的腿往天上一丢，口里大叫：Vive l'empereur（皇帝万岁）。考狄利娅脸上就是那样的表情，而且她比以往更加美丽，仿佛将两个圈圈抛上天以后就要自言自语说：爱情万岁。在我看来，她若一直沉浸在这种情绪之中也不好，因为之后会过分失落。于是我保持冷静，若无其事地利用旁人协助，慢慢拉着她重新专注在游戏上。肢体活动有助于调适心情。

若当代有人愿意进行这方面的调查并且写成论文，我也愿意提供奖金：从审美的角度观察，究竟何者比较端庄，是少女还是少妇，是稚嫩者还是见多识广的人，而我们应当赋予何者更多自由呢？可惜在这个年代，类似议题不受到大众重视。换作古希腊，这样的调查会引起普世关注，全国都要动员起来，特别是少女与少妇会积极参与。而我们不只不重视，甚至不愿相信古希腊曾经有过两位少女为了这类话题举行一场竞赛。[1] 换作古希腊人，绝不会轻率地看待这件事，大家都知道维纳斯因此获得美名，受到后世的膜拜崇敬。

已婚妇女有两个阶段展现得出趣味，首先是还很年轻的时候，接着就要到年纪很大的时候。除此之外，无可否认，已婚妇女也有绝美的时刻，在那一瞬间比起少女更迷人，更值得欣赏，只可惜这种机会过分难得，主要停留在想象中，

1 译按：她们比赛背部之美，并导致当地国王兴建维纳斯神殿。

现实生活里太少见了，甚至可能不存在。在我的想象里，少妇的外貌散发着光彩，她怀中抱着孩子，而她的全部心力都放在孩子上，自身消弭于无形。这幅图画是人类社会中最美的一幕，是大自然的神话，所以只能透过艺术品来成就，无法化为现实。画面里不能有别的角色，也不该有背景，一切多余都会减损美感。

比方说，我们上教堂时，就常常会看见母亲抱着小孩进来，但是孩童哭闹已经够扰人了，也感受得到父母心里焦躁地期盼孩子长大，即便没有哭叫，环境背景也够干扰了。最糟糕的是父亲在场，这是严重的缺陷，破坏了神话的纯净和魅力，仿佛合唱团扬声传来噩耗[1]，然后我们什么美感也得不到。还好在想象的领域里，那仍旧是最美的画面。我胆大心细，积极进取，也勇于尝试，不过若要在现实生活中追求这个美好瞬间，恐怕注定空手而回。

考狄利娅占满我的心！不过没关系，很快就要结束了。我的灵魂总是渴求苏醒，仿佛已经可以听见远方传来公鸡啼晓。为何少女如此美丽，但美丽如此短暂？思绪至此，我的心蒙上一层灰，虽说实际上与我没有多大关系。人生该用于

1 译按：维吉尔（Virgil）的史诗《埃涅阿斯纪》（*Aeneid*）中的一幕。

享乐，不能虚耗。一般来说，脑子里顾虑太多的人就无法尽兴，不过稍稍动脑也无妨，因为这股郁闷——不为自己，而是为别人——通常会增添几分男性特有的风采。所谓郁闷这种东西，就好像一片薄雾，虽然模糊了一些男性刚强，却也浓郁了专属男性的情趣。多愁善感的女子也有类似的好处。

少女将自己的一切交出来，然后就抵达终点。我依旧惶恐不安地接近少女，因为从少女的本质之中可以感受到那股永恒的巨大力量。但是我没有思考过如何与已婚女性亲密接触，她们善于欲拒还迎，但在我眼中毫无意义，总不能说已婚妇女的帽子比起少女的秀发来得动人。

所以我一直崇拜黛安娜女神，她象征浑然天成的贞洁和矜持，令人心驰神往；然而尽管我欣赏这位女神，却也总是有些疑问，主要就是我并不觉得她应当因为自己代表的贞洁获得这样多赞叹。首先，她保持贞洁，一部分是身为狩猎女神为了维护神力而必须；再者，研究文献以后，我发现有些故事提到她听说自己母亲分娩时多么疼痛，于是无比惧怕。这不能责怪黛安娜，毕竟我也同意欧里庇得斯（Euripides）的说法：宁可上三次战场，也不想生一次小孩。要我爱慕黛安娜这位女神有点困难，不过若能与她聊一次天，谈一次心，就算代价很大我也愿意。想必她知道很多妙计，在某些层面上，或许连维纳斯都显得清纯呢。我也不会想要偷窥她入浴，倒是很想透过问答来试探。要是偷偷会面，而我没把握能占上风，那我就得好好准备，发挥最大的情爱力量来与她交流。

我时常思考一个问题：什么情境，什么场合，能够营造出最诱人的画面？当然，答案取决于提问者心里的欲求，以及其成长背景。就我而言，答案是婚礼，而且是婚礼之中一个特殊的瞬间：新娘子打扮好了，但一切妆饰都敌不过她的美貌，然后她脸上一白，好似血液凝滞，胸口的起伏也静止了，眼神飘忽，脚步踌躇，就在身子微微颤抖的刹那，甜美的果实终于成熟。她仿佛进入天国，在肃穆中坚强，乘着誓言飞翔，获得祈祷赐福，戴上桃金娘花冠[1]后心跳加速，目光低垂，自我潜进内心最深处，好像不再身处于这个世界，却又全部奉献给世界。当她胸脯高耸，万物赞叹，所有声音止息；谜语揭开之前，泪珠滑落，火炬已经点燃，而新郎正在等候。就是这一刻。转瞬即逝的一刻。剩下最后一步，却也是留下遗憾的一步。这时候即便最无足轻重的女孩也至关重大，就连小泽林娜[2]都变得要紧了，万物合而为一，所有反差对立在此和解，要是有所欠缺，特别是漏了重要的对比，

1 译按：神话中桃金娘是爱神的圣树，所以西方婚礼有佩戴桃金娘花冠的习俗。

2 译按：莫扎特作品《唐·璜》中的角色。

会使得此情此景失去一分原有的动人之处。

有幅著名的版画，其主题是个忏悔的女孩，外表相当年轻纯真，观者几乎要为她，也为听告解的神父觉得羞愧了——这样一个女孩子到底能有什么罪过呢？她轻轻揭起面纱望向外面的世界，简直像是在寻找日后可以忏悔的事情。不消说，她之所以告解，其实是因为尊敬神父，觉得自己有这义务。这个画面也有十分诱人的成分，尤其因为画里头只有少女一人，因此我们可以自由想象教堂或许极为宽敞，有好多人在里面布道，等等。以美感而言这已经很不错了，甚至我愿意融入背景中，只要作为主角的女孩子同意就好。可惜相比之下，程度还是差了一截，毕竟画里的女孩无论身心都显得只是个孩子，还需要一小段岁月才能孕育出真正动人心弦的美。

在与考狄利娅的关系中，我是否始终坚守对自己的约定？我对自己的约定在于审美的层面，也是因为美学所以我才坚强。我愿意为理念坚持下去。这秘密犹如参孙的头发，不过没有大利拉来窃取。若只为欺骗少女，我何来时间和心力。然而在过程中能实现理念，甚至为理念服务效劳，那么我甘愿付出。正因如此，我可以克制私欲，不尝不该尝的愉悦。

那么趣味是不是都保留了呢？没错，在这段私密对话里头，我敢大声邀功。婚约本身就是情趣之一，因为它带来的不是一般人以为有趣的结果，却透过内在心灵和外在世界的冲突激荡出趣味。倘若我与她之间藕断丝连，就只能得到第一层乐趣。但现在乐趣提升到了更高的境界，于考狄利娅亦然。婚约必然破裂，且是她亲手所为，而她那么做正是为了将其提升到更高境界。本该如此，这是考狄利娅必须全心奉献才换得来的情趣啊。

九月十六日

束缚终于解开了。充满着渴望，坚强无畏又圣洁的她，如同第一次可以张开双翼的鸟。飞吧，鸟儿，尽情地飞！[1]的确，倘若这样豪气的飞翔是为了避开我，我会深深受伤，就好像皮格马利翁[2]的挚爱又变回石头一样。我造就的少女宛如思绪般轻盈，为何这会儿我的思绪却不再属于自己！真令人绝望。片刻之前，于我无谓；片刻之后，我心无谓。只是此刻，也只有此刻，对我即永恒。不过她不会真正飞离我身边。那么，翱翔吧，鸟儿，骄傲地展开翅膀，征服这片蓝天，我很快就会随你一同遨游，与你一起躲进最深沉的孤独里。

姑姑得知以后难免震惊，但是她相当开明，没有劝阻考狄利娅，不过我仍略施小计使她站在我这边。我一方面安抚老人家，另一方面继续挑逗考狄利娅的内心。姑姑非常同情我，当然她并不知道她其实根本没理由同情我。

考狄利娅得到姑姑允许，对外称是拜访亲戚，准备先住

1 译按：诗人克里斯蒂安·弗雷德里克·温特（Christian Frederik Winther）的作品名。

2 译按：古希腊神话中塞浦路斯的国王，爱上自己的雕刻作品，维纳斯便赋予了这座雕像生命。

到乡下去。看来她没有沉溺在情绪中，真是万幸，否则外头的议论还要好些时日才会平息。我断断续续地和她以书信保持联络，两人之间的关系从此再度萌芽。必须使考狄利娅在各个层面都坚强起来，最好能诱导她轻视男性，甚至出现愤世嫉俗的倾向。但她出发的那天，自然会有可靠的车夫接送，到了城门外还有我派去的仆人贴身照顾。抵达目的地，他们也不会离开，一直任凭她使唤。在我手边最适合这项任务的人就是约翰。所有细节我已打点妥当，考狄利娅什么都不缺，还会过得相当舒适，在那样的环境中，她的灵魂将受到哄骗并缓和下来。

我的考狄利娅：

只是一两个家庭里传出“失火了”的叫喊，并不会引起所有人注意，不会引来像是卡皮托利诺山那样的全城震惊。[1]或许你已经面对过几个人了，但是想象一下，若是茶会上或者喝咖啡时有人闲聊起这件事，再想想，如果有一位女性堪与克劳狄乌斯（Matthias Claudius）笔下的拉尔斯相抗衡，那么你会更加明白自己失去了什么：他人的好感。

---

1 译按：高卢人进攻罗马，夜晚行军于卡皮托利诺山，结果引来鹅鸣，惊动全城。

随信附上拉尔斯的铜版画一幅。由于无法单独购买，于是我购入了克劳狄乌斯的整套作品，将这幅画撕下来以后剩下的就扔了。到了这种时候，我岂还可以馈赠与你无关的东西造成你的困扰。我能做的，就只是竭尽所能讨好你，哪怕只是短短一瞬间也好。所以我哪敢混入不相关的事物？世界如此纷乱，困于有限生命的人心也一样。但是你，我的考狄利娅，自由的你一定感到厌倦了。

你的约翰尼斯

春天果然是陷入爱恋最好的季节，而秋天则是得到心之所欲最适合的季节。弥漫于秋季的那股哀愁，与想要实现欲望的冲动不谋而合。今天我去乡下那栋房子布置，几天后考狄利娅来到这儿，会发现周遭一切与她的灵魂相互呼应。我个人不参与她的讶异和喜悦，以免情欲变化削减了她灵魂的力道。只要在此独处，她会迷失于梦境，随处可见的提醒和象征将指引她走入另一个世界。这样的安排，若是有我在一旁，就全然失去意义，无法诱使她想起曾经与我共度的欢乐时光。此外，我也没有过度布置，以免她的灵魂沉溺其中难以自拔。我要将她推上更高的境地，使她能够一笑置之，之后的种种才有价值。而我自己这几天也要常来，以维持适当情绪。

我的考狄利娅：

如今我才真正称呼你是“我的”。没有外在的束缚以后，我终于可以称你为“我的”。只要我能紧紧拥抱你，你也能牢牢拥抱我，又怎么需要戒指来提醒我们属于彼此，难道我们的拥抱不是最好的戒指吗？这个戒指扣得越紧，我们交缠得越密不可分，自由也就更加开阔。你的自由就是属于我，我的自由也是属于你。

你的约翰尼斯

我的考狄利娅：

神话里，奥菲斯打猎的时候爱上了仙子阿瑞图萨，但是仙子不从，一直逃逸，最后来到奥提伽岛上化为泉水。奥菲斯伤心过度，最后在伯罗奔尼撒半岛的伊利斯变为河流。他没有忘记自己与爱人到了大海就会相遇。变化的时间点过了吗？答案是：相爱的时间点过了吗？而你的灵魂深沉纯净，和俗世仅以一泓泉水相系，我又如何能够相比？我是否告诉过你，我像是一条陷入爱恋的河？如今我们分离，我岂不只能跃入大海，希望能再度与你结合？我们到海底再相见，因为只有在海底，我们才属于彼此。

你的约翰尼斯

我的考狄利娅：

很快地，很快地，你即将属于我。等到太阳终于闭起眼睛，历史终结，神话开始，我不仅仅披上斗篷，还身缠黑夜，然后仔细聆听，听得不是脚步声，而是心跳声——只为了找到你。

你的约翰尼斯

这几天我不能时时刻刻亲自陪伴她，担心她是否会设想未来。以前考狄利娅不特别思考这件事，因为我透过美学分散她的注意力。考虑未来是多么没有情趣，原因不外乎是当下生活不够充实。要是我在她身边，就不必担心这种问题，保证令她忘记时间，甚至忘记永恒。不知怎样使女孩子灵魂满足到这种程度的男人，还是要加以哄骗，否则注定在两个地方触礁。首先就是关于未来的种种疑问，再来就是对于忠贞的盘查。由此观之，葛丽卿会对浮士德来一场小小诘问也是理所当然，谁叫浮士德自己欠缺思虑，显露出性格中骑士那一面，女孩对这样的攻势会提高警戒。

一切打点完毕，考狄利娅住进去以后，无处不是机会赞叹我的绝佳记性，但是更精确地说，她将连赞叹的时间也没有。每个画面之于她都有深远的意义，可是又没有任何事物与我直接相关，我始终若隐若现又无所不在。效果如何，取决于她的第一眼，因此仆人已经得到详细的指示，他在这方面很可靠，只要我吩咐，就能演得惟妙惟肖，好像每一句话都只是漫不经心脱口而出。这个仆人一脸天真无辜，所以也特别派得上用场。

地点也按照她的喜好挑选。坐在屋内中间，两旁都是风景，环境十分开阔，会有一种徜徉天地间的错觉。走到窗户边，就能看到地平线上森林就如花圈般环绕着四周；这景致再好不过，因为爱情是什么？不就是一个与世隔绝的空间吗？就好比天堂不也是朝着东方、远离尘嚣的乐园？若觉得树林环绕得太紧了，就去另一侧的窗子看看，平静的湖面掩藏在堤岸下，水畔的小船仿佛随着内心不安起起伏伏，然后被深深的叹息吹离了岸，随着难以言喻、名为渴望的微风划过水面。湖水荡漾，似是梦见了森林深处的幽暗，心境也在林子的神秘宁静中化散无形。回头瞧瞧，大海在眼前延伸，毫无阻碍，只有不羁的思绪追赶。

爱情，它爱什么？无限。爱情，它怕什么？界线。

隔壁还有一个小房间，完全供她私人使用，与瓦尔家宅子的客厅格局类似，装潢也相似到极点。地板上有很特别的柳条地毯，沙发前方的小茶几上面有一盏灯，与她家中的几乎一模一样。相同的布置，只是更豪华一些，我想少许差距无伤大雅才是。大客厅里头也有钢琴，典雅朴素，但足以联想到詹森家。琴盖打开着，架上搁着瑞典小调的乐谱。走廊的门没关紧，她从后面进来。我怎么交代，约翰就会怎么做。他开门的时间如此完美，考狄利娅眼睛同时看到小房间和钢琴，回忆一瞬间涌入灵魂——完美无缺的幻象。

我相信她心里会非常兴奋，然后立刻看见桌上有本书。约翰若无其事拿起来，随口提起：一定是主人今天早上过来时忘记了。听见这句话，考狄利娅就知道我来过，而且忍不住想看看那本书。她发现是阿普列尤斯的《丘比特与赛琪》的德文译本。不是诗集，也不应该是。若真的给少女读诗，简直是种侮辱，好像她自己不能汲取满盈于世界、尚未经过诗人思虑的精纯诗意一样。很少有人思考到这一层，但事实如此。考狄利娅想看这本书，目的就已经达成。打开以后，她会找到一朵桃金娘，意义自然不仅是书签。

我的考狄利娅：

怎么，你怕了？只要我们在一起，就会变得强悍，比整个世界、甚至天神都还要强悍。你是否听说过，远古时代曾经有过一个不同的种族，他们虽然身为凡人，却自性圆满，所以不了解情爱的结合。他们具有无比的力量，于是起了进攻天界的妄想。朱庇特心生畏惧，便将这个种族每个人都剖成两半，一半成为男性，另一半成为女性，不过只要他们在爱中合而为一，生出的力量就连朱庇特也及不上。尚未一分为二的个体已经胜过众神，爱则是更高一层的结合，所以更加伟大。

你的约翰尼斯

九月二十四日

夜深人静，时钟响起，距离零时还有一刻，城门的更夫吹响了祝祷，鸣响在田园荡漾，又从漂白池[1]传来。他进城了，然后再一次吹响号角，回音传得更远。万物安静沉睡，只有情爱除外。苏醒吧，爱情，将力量汇聚于这胸口！夜色静谧，却有一只孤单鸟儿啼叫，拍打翅膀掠过薄雾笼罩的原野，朝着堤岸斜坡飞去，想必也是赶赴幽会——我明白这是预兆！

大自然总是给予许许多多预兆！从鸟儿的飞舞和歌唱，从鱼儿在水面的跃动和沉坠，从远处小狗的嘶吠，从马车车轮的咔嗒作响，从模糊简短的脚步声之中，我不断得到启示。夜幕低垂，但我看不到鬼魅；在湖的怀抱、露的亲吻、雾的覆盖遮掩之中，我发现的不是已然，而是未然。万物皆隐喻，自身即神话：若不是个神话，我为何要赶赴幽会？我是谁已经不重要了。一切的短暂及有限早已忘却，留存的只有永恒，只有爱的力量、渴望和幸福。我的灵魂如此敏锐，像是绷紧的弓弦，而思绪则是利箭，虽然无毒却能与血液融合。我的灵魂炽烈、圆满、喜悦，堪与天神媲美。

1　译按：哥本哈根围墙外湖畔专门进行纺织品漂白的加工区。

感谢您，不可思议的自然，赐给她与生俱来的美！您如同母亲一样眷顾她，无私的精神令人钦佩。也谢谢所有塑造她的人，因为你们才成就这份纯洁质朴。而她的成长，也是我的心血，很快我就要得到回报。为了即将来临的这一刻，我投入得太多太多，若是失败了就万劫不复！

还没看见马车，不过听见鞭子声了。逃命似的狂奔吧，除非马儿倒下，否则没到目的地绝不停止。

九月二十五日

这样的夜晚为什么不能长一些？阿勒克特里翁[1]都愿意忘记啼叫，太阳怎么就不能够同情？不过，一切都结束了。我也不想再见到她。女孩奉献一切之后，什么都没了，变得软弱无力。纯真在男子身上是瑕疵，在女子身上却是存有的本质。事到如今，已经没有任何阻碍，但是没有阻碍的爱也就不美丽，只是习惯，甚至缺陷。我不要再想起自己与她的关系，她已经失去芬芳，少女因为爱人不忠实就变成向日葵的时代早已过去。[2]我不会与她道别，女人哭哭啼啼、死去活来最令人生厌，也最没有意义。我曾经爱过她，但此刻起她无法再占据我的心房。若我是神，就会像海神那样将她变作男的。不过有件事倒值得去尝试看看：是否能够以诗意的手法离开一个女孩，还使她引以为傲，认为是自己厌烦了这段关系。以此作为尾声相当精彩，不仅具备心理学的研究价值，也提供很多情爱的观察材料。

---

1 译按：希腊神话中战神阿瑞斯的侍从。阿瑞斯和爱神阿芙罗狄忒偷情时，他负责站岗放哨。一次他因疲劳睡着了，让太阳神发现了偷情的情侣。阿瑞斯一气之下将阿勒克特里翁变成公鸡，看到太阳就得啼叫。

2 译按：神话中一位仙子因为爱上太阳神最终变为向日葵。

图书在版编目（CIP）数据

诱惑者日记／（丹）索伦·克尔凯郭尔著；陈岳辰译．-- 北京：外语教学与研究出版社，2020.7
ISBN 978-7-5213-1949-1

Ⅰ．①诱… Ⅱ．①索… ②陈… Ⅲ．①长篇小说－丹麦－近代 Ⅳ．①I534.44

中国版本图书馆 CIP 数据核字（2020）第 125305 号

出 版 人　徐建忠
策 划 人　方雨辰
项目统筹　张　颖
项目编辑　张　畅
特约编辑　简　雅　王文洁
责任编辑　徐晓雨
责任校对　何碧云
装帧设计　方　为
出版发行　外语教学与研究出版社
社　　址　北京市西三环北路 19 号（100089）
网　　址　http://www.fltrp.com
印　　刷　山东临沂新华印刷物流集团有限责任公司
开　　本　787×1092　1/32
印　　张　6.25
版　　次　2020 年 10 月第 1 版　2020 年 10 月第 1 次印刷
书　　号　ISBN 978-7-5213-1949-1
定　　价　46.00 元

购书咨询：（010）88819926　电子邮箱：club@fltrp.com
外研书店：https://waiyants.tmall.com
凡印刷、装订质量问题，请联系我社印制部
联系电话：（010）61207896　电子邮箱：zhijian@fltrp.com
凡侵权、盗版书籍线索，请联系我社法律事务部
举报电话：（010）88817519　电子邮箱：banquan@fltrp.com
物料号：319490001

记载人类文明
沟通世界文化
www.fltrp.com